SCÈNES
DE LA
VIE DE THÉATRE.

Rabais Considérable au comptant

Romans à 3 fr. le Volume,

Et 2 fr. 50 c. en en prenant au moins 50 vol.

Maximilien Perrin.

LE DOMINO ROSE, 2 vol.	6 fr.
L'AMI DE LA MAISON, 2 vol.	6
LES PILULES DU DIABLE. 2 vol.	6
LA SERVANTE MAITRESSE, 2 v.	6
LA FILLE DE L'INVALIDE, 2 v.	6
LE MARI DE LA COMÉDIENNE, 3 v.	6
VIERGE ET MODISTE, 2 v.	6
MA VIEILLE TANTE, 2 v.	6
LES MAUVAISES TÊTES, 2e édition, 2 v.	6
LA DEMOISELLE DE LA CONFRÈRIE, 2 v.	6
L'AMOUR ET LA FAIM, 2e édition: 2 v.	6
LE GARDE MUNICIPAL, 2 vol.	6
L'AMANT DE MA FEMME, 2 v.	6

Auguste Ricard.

MA PETITE SOEUR, 2 v.	6
LA CHAUSSÉE D'ANTIN, 2 v.	6
NI L'UN NI L'AUTRE, 2 v.	6
JADIS ET AUJOURD'HUI, 2 v.	6
LA STATUE DE LA VIERGE, 2 v.	6
LES VIEUX PÉCHÉS, en société avec Maxi. Perrin, 2 v.	6

Touchard - Lafosse.

CHRONIQUES DES TUILLERIES ET DU LUXEMBOURG, physiologie des cours modernes, 4 vol.	12
LES RÉVERBÈRES, Chroniques de Nuit 6 v.	18
LE BOSQUET DE ROMAINVILLE, 2 v.	6
LES JOLIES FILLES, 2 v.	6
RODOLPHE ou A MOI LA FORTUNE, 2 v.	6
LES AMOURS D'UN POÈTE, 2 v.	6
MARTHE LA LYVONIENNE, 2 v.	6
LE CAPORAL VERNER et le général garnison, 2 v.	6
DEUX FACES DE LA VIE, 2 v.	6

Imprimerie de Pommeret et Guénot, rue Mignon, 2.

SCÈNES DE LA VIE DE THÉATRE.

LES

MÈRES D'ACTRICES

ROMAN DE MOEURS

Par L. Couailhac.

I

PARIS

SCHWARTZ ET GAGNOT, ÉDITEURS,

QUAI DES AUGUSTINS.

1843.

PREMIÈRE PARTIE.

I

La rue des Postes.

A sept heures du matin, on dort encore en toute saison au faubourg Saint-Germain, à la Chaussée-d'Antin et même rue Vivienne et dans le Palais-Royal ; car l'aristocratie marchande imite en tout point les façons un peu paresseuses de ses nobles et riches clients. Les boutiques des grandes régions n'ouvrent guère les yeux, c'est à dire leurs volets, que lorsque le soleil a déjà accompli un bon quart de sa course.

Mais il est un coin de Paris où dès l'aurore tout le monde est sur pied. Je veux parler du quartier Latin; — non pas de cette partie du quartier Latin qui descend vers les quais, sur les pentes des rues Saint-Jacques et de la Harpe. Là vivent des étudiants et des grisettes qui fréquentent la Grande-Chaumière, l'estaminet, le bal du Prado, se couchent tard et ne s'en lèvent pas plus tôt.

J'entends ce quartier Latin, qui rayonne autour du dôme du Panthéon, qui est compris entre la rue des Grès, la rue d'Enfer, la place Maubert et le quartier Mouffetard. Cette contrée est habitée par des professeurs et des savants blanchis sous le harnais, qui répandent la science, et par des enfants qui la recueillent. Vous n'y rencontrez que colléges, pensions et bibliothèques. Dès l'aurore la cloche donne le signal du réveil, et ce signal est entendu par les vieux comme par les jeunes. Aussitôt tout le monde se met à l'ouvrage ;— l'hiver, à la clarté d'une lampe laborieuse ; — l'été, sous les premiers rayons du soleil. Les livres sont ouverts, les leçons se donnent et s'apprennent; c'est une ruche classique d'où s'envole tous les ans un essaim de jeunes abeilles, qui vont se répandre sur la surface de toutes les professions libérales.

Vous ne vous étonnerez donc plus maintenant, si je vous dis que par une belle matinée du mois de juillet de l'une de ces dernières années, un homme sonnait à six heures et demie à la porte d'une maison de la rue des Postes, qui portait au front ces mots inscrits en blanc sur une large enseigne noire :

Institution de l'Université.

Cet homme avait l'uniforme des invalides. On voyait que ses services dataient de loin, et qu'il n'était pas, comme on dit à l'hôtel, de la promotion de Grèce, d'Espagne ou d'Afrique. Sa tête était blanche, son dos voûté, et ses jambes, quoique bonnes encore, avaient besoin du secours d'une béquille pour se mouvoir dans toute leur force et dans toute leur liberté. Il n'était pas revenu au grand complet des grandes guerres de la République et de l'Empire; car,

1° Un bras manquait à l'appel,

2° Son nez avait été endommagé par un éclat d'obus.

Nous disons *endommagé* par respect humain et pour ne pas blesser la susceptibilité du vieil invalide, si le hasard voulait qu'il eût connaissance de ce livre. Nous aurions dû dire *entamé*. Car il en restait si peu de chose que son propriétaire avait été obligé d'appeler l'art au secours de la nature; un large supplément de carton teint en rose ou à peu près, s'allongeait entre la bouche et le front, et donnait une espèce de représentation de l'organe absent.

Le vieux soldat s'affligeait fort peu d'avoir un nez de papier mâché; mais dans l'origine, ce qui l'avait véritablement jeté dans une sorte d'inquiétude et de vague mélancolie, c'est qu'il ne pouvait plus prendre de tabac. Pendant longtemps il avait porté machinalement vers ses fosses nasales des prises, hélas! inutiles! Enfin il s'était habitué à son malheur et avait remplacé militairement et sur les conseils d'un vieux loup de mer de ses amis la *prise* par la *chique*. C'était une variété du même plaisir.

Malgré les petits inconvénients physiques que nous venons de signaler, le vieil invalide était encore un beau reste de troupier, et offrait l'un de ces types de la vieille armée, que le crayon de Vernet, de Charlet et de Bellangé a si souvent reproduits.

Il y avait cinq minutes environ que l'invalide avait sonné et la porte ne s'était pas encore ouverte. Il était peu patient de sa nature, et n'avait point appris à l'être en bivouaquant chez les Prussiens, les Autrichiens, les Tyroliens et les Hanovriens.

Il sonna une seconde fois et d'une façon peu discrète. Toute la maison retentit des glapissements de la sonnette; un bruit de clé se fit entendre dans l'intérieur de la maison, la serrure parla, la porte s'ouvrit — et l'invalide se trouva face-à-face avec un petit vieillard propret, dont la figure ridée grimaçait sous une perruque bien peignée.

— Bonjour, père Metternich, dit le soldat en lui tendant la main... comment va la santé, ce matin?

— Merci, merci, monsieur Lantoine... Ça fa toujours pien!

— Dam! je vous avais cru malade..... vous m'avez laissé là une petite heure à la porte... et comme vous êtes très matinal d'ordinaire... et très exact à tirer le cordon...

— Ah! monsieur Lantoine, c'est que chétais là-haut à la lincherie, à chercher de fieux morceaux de drap pour raccommoder les pantalons de mes petits calopins... car vous safez que che n'étais pas né pour être portier; chai été tailleur dans ma cheunesse et mon âche mûr... et même établi...

— Je sais... je sais... père Metternich... vous êtes né à Cologne... belle ville, ma foi... où l'armée française est entrée plusieurs fois avec armes et bagages... Vous y avez fait votre apprentissage de raccommodeur de fonds de culottes... et enfin au sortir de trente-cinq ans et demi, vous êtes venu à Paris où vous vous êtes mis à enfiler des aiguilles pour votre propre compte, et où vous n'avez pas fait d'assez brillantes affaires pour ne pas tomber dans une loge qui ressemble assez à celle d'un caniche.

— C'est historique... sacrémein tarteifle!...

— Ne jurons pas... surtout en allemand... le diable n'y comprend rien et c'est autant de perdu... Mais dites-moi un peu... le jeune homme est-il là-haut?

— Qui ça... M. Fictor...

— Oui... Victor... est-ce que je puis parler d'un autre...

— Après afoir donné ce matin sa leçon de répétiteur aux élèfes qui suifent les classes du colléche, il est sorti brisquement...

— Et vous ne savez pas de quel côté il est allé?...

— Ma foi... non!

— Allons... je l'attendrai... car il me serait impossible de passer un jour sans le voir..... mais pour prendre patience, j'ai besoin de m'humecter le gosier... venez, père Metternich, venez faire un tour avec moi chez le marchand de vin du coin...

— Oh ! che n'oserais pas, répondit le concierge, dont les yeux brillaient déjà de plaisir... si monsieur Dufour, mon maître, se lefait...

— Ah bah ! il reste toujours entre les draps jusqu'à dix heures, et l'on dirait que la cloche qui réveille ses élèves ne tinte pas pour lui... c'est un véritable loir... Venez donc... venez donc... choucroûte !...

Le père Metternich ne se fit pas tirer l'oreille davantage. Il suivit Lantoine en passant la langue sur ses lèvres minces.

Les deux compagnons furent forcés d'aller jusqu'à la rue de l'Estrapade pour trouver un cabaret, car les cabarets sont rares dans ce quartier studieux. Les savants ne boivent que de l'eau et leurs valets se soumettent au même régime.

Metternich et son ami, une fois attablés, entamèrent une conversation.

—Ah çà! dit Lantoine, est-ce que mon pauvre Victor est toujours inquiet, soucieux, agité...

— Touchours... touchours... Dès qu'il a fini sa pesogne, il part comme s'il afait le chien de saint Roch à ses trousses... il a maufaise mine... il ne manche plus et dort très peu...

— Pauvre garçon... lui qui était, il n'y a pas encore un mois, si heureux... si sédentaire... si appliqué à ses devoirs.

— Oh ! le fait est qu'il n'y afait pas de meilleur maître dans tout le quartier, et que tout le monde tisait qu'il defait être professeur de l'Unifersité l'année prochaine...

— Et il le sera, morbleu ! il le sera... car je saurai ce qui lui tourne la tête dans ce genre-là... ou j'y perdrai le bras qui me reste...

— Faut pas... faut pas... ce serait chênant... fous ne pourriez plis poire tout seul. Eh ! eh ! eh !...

— Bigre ! je sacrifierais à Victor bien autre chose que le plaisir de vider mon verre tous lesmatins et tous les soirs...

— Ah çà !... monsier Lantoine, t'où fient tonc que fous portez tant d'intérêt à monsier

Fictor?..... Fous ne m'afez chamais parlé de cela, et j'ai pien souvent cherché dans mon tête...

— Oh! ce serait une trop longue histoire à vous raconter, père Metternich; et puis, voyez-vous, çà me remue toujours quand j'attaque ce gredin de chapitre là...

— C'est égal... c'est égal... che suis kirieux de safoir... et en faisant fenir ine sekonde pouteille...

— Mais je croyais, l'ancien, que vous aviez peur que M. Dufour ne se levât...

— Bah! bah! il reste entre ses teux traps jisqu'à tix heures...

— Allons! va pour la seconde bouteille... et maintenant écoutez-moi bien... Lors du grand tremblement de la révolution... la première, s'entend...

— Connu... connu... parpleu! fous n'avez pas quinsse ans.

— L'ancien a raison; donc, à l'époque du tremblement, le premier en date et le plus chaud des deux, nous étions Lambert et moi...

— Lampert?...

— Oui... le père de Victor.

— Ah! pien!...

— Nous étions deux pauvres manouvriers du petit village de Fontenay-sous-Bois, près Paris; nous travaillions la terre des autres quatorze heures par jour, en gagnant à peine de quoi soutenir notre existence. Lambert valait mieux que moi; il avait été pris en affection par le curé du village et élevé chez lui : il devait entrer dans les ordres, mais la mort subite de son protecteur le rejeta dans sa situation première.

— Tant pis... mein gott...

— Tant mieux, l'Allemand, tant mieux, car Lambert devait faire son chemin d'une autre façon... 93 venait de sonner à la grande horloge... la patrie appelait tous ses enfants à son secours; Lambert et moi nous partîmes pour la frontière... Dam! le four chauffa; Lambert tapait dur : je n'y allais pas de main morte... le représentant du peuple de l'armée des Pyrénées se montra assez content de nous : Lambert fut fait officier ; moi, je ne savais rien, on me donna un sabre d'honneur. A Toulon, Lambert fut fait capitaine d'artillerie, et moi sergent : nous servions-là dans la même batterie, celle qui fut nommée *batterie des hommes sans peur*.... Dans ce moment nous fîmes la connaissance d'un petit lapin qui devait plus tard faire parler de lui... il s'appelait Bonaparte...

— Connu !... connu !...

— Je crois fichtre bien ! l'Allemand. Après la prise de Toulon, le général Bonaparte voulut avoir Lambert auprès de lui en qualité d'aide-de-camp. Pour ne pas quitter mon ancien camarade, je mis bas les galons de sergent et je devins son soldat.... Sous l'empire nous vécûmes assez bien ; Lambert fut fait général, commandeur de la Légion-d'Honneur, baron, enfin tout ce qu'il y a de plus cossu... Moi j'étais auprès de lui, et cela me suffisait car je l'aimais comme un frère... enfin nous aurions été les plus heureux des hommes, si à la bataille de Friedland il ne m'était pas arrivé un petit accident...

— Che comprends.., che comprends... le nez...

— C'est çà même... Un méchant petit éclat d'obus qui me prit en serre-file, m'enleva cet ornement de l'humanité... Cré nom d'un nom! j'aurais consenti à tout perdre au service de mon empereur, mais j'aurais mieux aimé perdre autre chose...

— Che comprends...

—Il comprend toujours, l'Allemand!... Attention! nous voilà à une vilaine époque, nous passons en Russie... l'hiver nous joue de mauvais tours; nous sommes à la trentième étape ou à peu près de Moscou sur Paris... Pour la première fois de notre vie, nous autres grognards de l'armée d'Italie, nous battons en retraite et ça nous vexe... Nous venons de passer la Bérésina et nous marchons sur Wilna en traînant de l'aile... De Wilna nous allons à Varsovie sans pouvoir accélérer le pas, et dans cette dernière ville nous trouvons enfin un peu de repos, des visages amis et un corps d'armée français. Du repos! mon pauvre Lambert avait grandement besoin de ça! il avait été blessé trois fois dans la campagne... son moral était abattu. Le spectacle de notre grande armée se retirant à la débandade, mourant de faim, de soif, de froid, et laissant sur tous les chemins la meilleure partie d'elle-même, lui avait porté un coup... mais un coup terrible. Il était devenu méconnaissable; il était pâle, amaigri, en proie à une fièvre continuelle. Son caractère était sombre et taciturne; il voulait tenir bon contre le mal, mais le mal fut plus fort que lui. A Varsovie, il fut obligé de prendre le lit et en peu de temps son état empira tellement qu'au bout de trois jours les médecins déclarèrent qu'ils désespéraient de sa guérison... Il n'y avait plus d'huile dans la lampe. Un soir, j'étais auprès de son lit, car je ne le quittais pas un seul instant... il était absorbé dans de pénibles réflexions, et je suivais d'un œil inquiet les progrès de sa maladie, lorsqu'on frappa timidement à la porte... j'ouvre... il me semble que j'y suis encore... nous voyons entrer un soldat d'un régiment de dragons qui venait d'arriver à Varsovie... Il portait dans ses bras un enfant qui avait un an à peine... Nous ne savions trop ce que cela signifiait... nous attendions une explication avec impatience...

Le dragon remit au général une lettre que celui-ci parcourut avec avidité : à peine en avait-il terminé la lecture, qu'il fit signe qu'on lui apportât l'enfant. Il le pressa tendrement sur son cœur et le couvrit de baisers et de larmes... L'émotion excitée chez lui par cette scène inattendue, avait considérablement ébranlé ses forces. Il n'en fallait pas tant pour hâter le triste moment. Deux heures après il était au plus mal. Il envisagea sans trembler l'extrémité à laquelle il était réduit; il avait trop souvent vu la mort en face, sur le champ de bataille, pour être fort épouvanté de son approche. Il prit froidement ses dernières dispositions, puis me faisant approcher de lui, car il pouvait à peine parler, il me dit, en me serrant la main :

— Mon pauvre camarade, nous allons nous

quitter et je te remercie du dévouement que tu m'as montré. Malheureusement je ne puis te prouver ma reconnaissance qu'en te demandant de nouvelles marques de ton amitié. Mais je connais les hommes de ta trempe ; je sais que c'est la meilleure manière de les récompenser et qu'ils y sont particulièrement sensibles.

Recueille bien toutes mes paroles, car je ne sais pas si j'aurai la force d'aller jusqu'au bout.

Il y a deux ans, en allant faire à Vincennes une inspection, je remarquai dans le faubourg Saint-Antoine, une jeune ouvrière qui travaillait assise sur le pas de sa porte. Sa beauté et sa grâce me frappèrent. Le lendemain je pris des informations. Elle se nommait Louise Duru, avait perdu ses parents et vivait de son travail. Tous les renseignements que je recueillis sur son compte étaient excellents. Je m'introduisis auprès d'elle sous un nom supposé, en déguisant mon rang, ma condition, et à l'aide d'un autre mensonge encore. Je lui dis que j'avais connu son père qui avait servi autrefois dans la 32me demi-brigade et pour lequel elle professait un véritable culte. Elle me donna la permission de venir la voir. Mes visites se multiplièrent sans qu'elles parussent la fatiguer. L'ardente passion qu'elle m'inspirait m'apprit l'art des séductions. Malgré mon âge, je lui plus. Au bout d'un an, Louise était mère...

Je crus alors devoir lui apprendre qui j'étais. Noble et grand caractère! Cette révélation la jeta dans un désespoir véritable. Dès ce moment elle ne voulut accepter de moi aucun service, aucun bienfait; elle mit son ambition à élever avec son travail le fruit de ce qu'elle appelait sa honte. C'est en vain que je me jetai à ses genoux pour la supplier de me permettre de concourir au moins pour la moitié à cette œuvre pieuse; elle fut inébranlable. « Si vous aviez été mon égal, me disait-elle, j'aurais pu tout accepter de vous; vous êtes plus riche et plus élevé que moi, je refuse. On peut se donner sans remords; je ne veux pas m'être vendue. » Plusieurs mois se passèrent. Louise usait sa santé dans les veilles pour accomplir sa tâche ; elle dépérissait à vue d'œil. C'est en vain que j'employai même des moyens détournés pour lui faire parvenir de l'argent ; elle repoussa toutes mes prières, elle déjoua tous mes efforts. J'étais au désespoir ; c'était déjà là une punition bien cruelle et bien inattendue pour la faute que j'avais commise.

Un jour je fus bien surpris de recevoir de la part de Louise une demande de rendez-vous. J'y courus.

— Monsieur, me dit-elle, je ne puis plus suffire à la tâche que je me suis imposée ; ce n'est pas le courage qui me manque, mais l'ouvrage trop souvent. Si je souffrais seule, je ne me plaindrais pas, mais mon enfant, mon fils, souffre aussi, et c'est ce que je ne puis supporter davantage. Il faut que cela ait un terme.

— Louise, m'écriai-je avec émotion, vous consentez donc à accepter...

— Monsieur, j'accepterai tout de mon mari.

A ces mots, je ne sais, mon vieil ami, ce

qui se passa en moi. Tu n'ignores pas que je n'ai jamais, comme tant d'autres, oublié d'où je suis parti. Mais l'idée d'épouser une ouvrière, de la présenter aux Tuileries, d'encourir peut-être la colère de l'empereur, de m'exposer au ridicule... Faut-il que des hommes qui se jettent sans trembler à la bouche d'un canon, se montrent si faibles devant les sots préjugés du monde...!

Je ne répondis pas.

Louise comprit mon silence et me dit aussitôt :

— Il y a quelques jours un brave jeune homme, un ouvrier, et qui m'aime depuis long-temps en silence, est venu me demander si je voulais consentir à l'épouser. Je lui ai appris quelle était ma situation. Il m'a affirmé qu'il la connaissait et que c'était ce qui l'enhardissait à m'offrir de partager son sort. Il voulait, ajoutait-il, m'arracher à la misère et me délivrer des propos des mauvaises langues. Je lui ai demandé de m'accorder quelques jours de réflexion. Je ne voulais pas lui répondre avant de vous avoir vu. Maintenant que je vous ai vu, je sais ce qu'il faut faire. J'épouserai ce jeune ouvrier.

Et elle partit.

Je fus tenté de courir après elle, de la retenir, de lui dire que j'étais un insensé, un fou, un ingrat. Un mauvais orgueil me cloua à ma place.

Bientôt j'eus avis, par une lettre de faire part, du mariage de Louise avec l'ouvrier. Je demandai à voir mon fils; je ne reçus pas de réponse. Je bravai toutes les convenances et me présentai au domicile de Louise. Elle avait déménagé sans faire connaître son adresse. Sa trace était perdue pour moi.

J'étais honteux de ma conduite; je refusai un mariage assez avantageux qui se présenta alors. Je vis là une sorte d'expiation.

Nous partîmes pour la campagne de Russie. Les préparatifs auxquels je dus me livrer, le fracas de la marche en avant, le canon des batailles apportèrent quelque diversion à mes idées. Mais ce fut pendant les désastres de la retraite que je pensai bien souvent à Louise et à mon enfant! Dans cette affreuse retraite je fus blessé trois fois, moi, qui avais traversé tant de fois la mitraille sans être atteint. Je vis tomber à mes côtés mes amis les plus chers... On aurait dit que le ciel voulait me faire sentir sa colère...

Que de fois, pendant cette cruelle maladie qui va me faire descendre dans la tombe, mes souvenirs ne se sont-ils pas douloureusement reportés vers le passé... Le ciel n'a pas voulu me laisser mourir sans que j'eusse reçu des nouvelles de tout ce que j'ai de plus cher au monde... Il m'a donné cette consolation à mes derniers moments et je l'en remercie.

Ici le général sentant qu'il s'affaiblissait de plus en plus et que sa voix arrivait à peine jusqu'à moi, me fit signe de me rapprocher de son lit, puis continuant :

Cette lettre que ce dragon vient de m'apporter est une lettre de Louise. Cet enfant qu'il m'a amené, c'est mon fils!

Et il pressa encore dans ses bras l'enfant, que d'après son ordre on avait laissé sur son lit.

— Ecoute bien ce que m'écrit cette pauvre Louise...

Et j'ai si bien écouté, que je m'en souviens encore, voyez-vous... Metternich... j'ai répété cette lettre si souvent! Cette scène m'a si vivement frappé!

« Monsieur Lambert,

« Mon mari vient de mourir, me laissant « sans ressource. Je porte dans mes entrailles « une pauvre petite créature qui sera bientôt « pour moi un témoignage de son attachement « si pur et si désintéressé. Ne pouvant avec « mes faibles moyens élever deux enfants, je « suis forcée de me séparer de mon fils, de « mon cher fils. J'ai pris la résolution de le « rendre à votre amour. Je me dois tout « entière à celui qui n'a plus de père.

« N'osant confier à personne un trésor aussi

« précieux, je m'étais mise en route pour « aller vous le porter moi-même. Mais je « suis arrêtée à Dresde par les premières dou- « leurs de l'enfantement. Je viens de prendre « le parti de remettre Victor entre les mains « d'un brave soldat d'un régiment qui va à « Varsovie, où l'on m'a dit que vous vous « trouviez pour le moment ; ce soldat est un « Parisien du faubourg, un ami d'enfance et « de la fidélité duquel je ne doute pas.

« Je souhaite, Monsieur Lambert, que vous « soyez toujours heureux et je vous recom- « mande mon fils les larmes aux yeux. Il a « fallu pour me séparer de lui que je son- « geasse à son avenir et à l'avenir de l'enfant « que le ciel va me donner. Mon cœur est dé- « chiré. Mais je saurai remplir jusqu'au bout « mes devoirs de mère !

« Adieu ! LOUISE. »

— Pauvre femme ! s'écria le général, en versant les dernières larmes qu'il ait versées sur cette terre !

Puis d'un ton plus calme :

— Mon vieux Lantoine, voici ce que j'attends de toi. J'ai toujours vécu en cheval échappé. Je n'ai jamais fait beaucoup d'économies, ni placé de grosses rentes sur l'État. Mais enfin j'ai heureusement, dans mon portefeuille, une quinzaine de mille francs que par une sorte de pressentiment j'ai mis de côté depuis deux ans... Ce n'est pas une fortune... mais c'est un morceau de pain, une pierre d'attente... Quand on aura là-haut battu le rappel pour moi, tu prendras les quinze mille francs, l'enfant, et tu iras rejoindre la mère à Dresde. Tu vivras avec eux, mon bon Lantoine, tu les aideras, et dans quelque lieu que je sois, je te réponds que j'aurai les yeux sur vous et le cœur de votre côté.

— Lambert, je te promets de faire ce que tu me demandes.

— Je compte sur ta parole. Et maintenant adieu, mon vieux camarade. Quand on a vécu si long-temps ensemble, il est dur de se séparer. Mais il le faut. Nous nous reverrons plus tard. Je crois en Dieu!

Il n'avait presque plus la force de parler; sa poitrine était haletante, sa respiration entrecoupée. Une pâleur livide se répandait sur son visage. Il prit encore une fois son enfant dans ses bras et mourut en imprimant un dernier baiser sur sa joue fraîche et rebondie.

A ce souvenir, l'invalide ne put retenir ses larmes et il resta quelque temps silencieux, la figure cachée dans ses deux mains.

Au bout de quelques minutes, le père Metternich fort curieux de connaître la fin de l'histoire, se hasarda à rompre le silence et dit à demi-voix :

— Et l'enfant, c'est M. Fictor!

— Justement, l'Allemand... c'est Victor Lambert, mon fils d'adoption, le seul être que j'aime sur la terre, depuis que mon empereur et mon ami sont morts!!

— Très bien... Carçon... une troisième pouteille de fin... Et maintenant, père Lantoine, vous poufez continuer...

— Quand je vis que Lambert avait décidément passé l'arme à gauche, j'eus la tête comme perdue pendant quelques jours... C'était là une séparation si dure... Outre les liens qui m'unissaient à Lambert depuis l'enfance, j'avais pour lui l'amitié que tout officier loyal et bon obtient de son soldat — amitié du bivouac et du champ de bataille. — amitié disciplinée, calme et discrète en apparence, mais au fond pleine d'exaltation et de chaleur — amitié qui participe tout à la fois du dévouement et du respect, et qui ne finit qu'avec la vie.

Mais je me souvins de la promesse que j'avais faite à Lambert, et cela me rappela à moi-même... Je pris les quinze mille francs dans ma poche, l'enfant sur mon dos et je partis pour Dresde. Mais, hélas! je ne devais pas y arriver de si tôt. La perte de Lambert m'avait tant bouleversé, qu'à mon tour je fis une maladie. Je fus obligé de m'arrêter assez long-temps à l'hôpital de Gotha, et je crus à plusieurs reprises que j'allais suivre dans l'autre monde celui que j'avais si souvent suivi sur le champ de bataille. Mais le ciel voulait que j'exécutasse les dernières volontés de mon pauvre ami. Il me tira de ce mauvais pas.

Quand j'arrivai à Dresde, l'empereur venait d'y donner sa grande bataille. Tout était sens dessus dessous dans la ville et aux environs. J'eus beau demander partout des nouvelles de Louise; personne ne put me répondre. Qu'est-ce qu'une pauvre femme au milieu de si gros événements? Je ne l'avais jamais vue, je ne savais pas la route qu'elle avait prise, j'ignorais le nom qu'elle portait. Il fallait renoncer à l'espoir de la revoir jamais. C'est ce que je fis.

Je n'avais plus qu'à m'acheminer vers la frontière de France avec mon marmot; c'est ce que je fis encore. J'entrai dans Leipsick au moment où le canon tonnait aux portes de la ville du côté de l'Elster. On me dit que les Français étaient battus. Ma foi! à cette nouvelle, mon sang bouillonna dans mes veines... J'avoue que j'oubliai un peu la mission que

Lambert m'avait confiée... Je ne fis ni une, ni deux... Je déposai le mioche chez une brave femme de Saxonne, qui voulut bien en prendre soin, et je filai du côté où l'on se bûchait. Je retrouvai là mon ancien régiment qui faisait des siennes... Je me mis à servir une pièce à la place d'un camarade qui venait d'être démonté... Je ne tardai pas à recevoir aussi mon atout... Un boulet russe m'enleva un bras... rien que ça...

— C'est fisible...

— Je crois bien... comme le nez au milieu du... mais ne parlons pas de nez... Je rentrai dans Leipsick pour y prendre mon mioche et un lit à l'ambulance... Au bout de six mois de traitement, il n'y paraissait plus... De retour à Paris, je me fis installer pour le reste de mes jours à l'hôtel des Invalides et je ne pensai plus qu'à Victor... Je voulais qu'il devînt un homme distingué et qu'il fît honneur au nom de son père. Les quinze mille francs qui devaient subvenir au frais de son éducation furent placés chez un banquier, et j'y ajoutai plus tard le total d'un petit héritage que je fis au pays.

Victor entra dans une bonne pension dont il devint bientôt l'un des élèves les plus remarquables; à mesure qu'il croissait en âge, il croissait en science. Tous les ans il remportait tous les prix de sa classe au collége et au concours général, comme ils disent. Enfin, pendant la dernière année de ses études, il obtint le prix d'honneur de philosophie, j'ai retenu le mot, et eut l'honneur de dîner avec M. le ministre et son habit brodé. J'étais aussi fier ce jour-là que le lendemain de la bataille d'Austerlitz.

Mais l'instruction coûte cher à Paris. Quand Victor eut fini ses classes, nous n'avions plus d'argent dans notre bourse. Il ne pouvait faire ni son droit, ni sa médecine; la guerre ne va pas beaucoup pour le quart d'heure, et j'ai entendu dire à un malin que dans ce moment il vaut mieux avoir une bonne plume au vent qu'une épée dans le fourreau. Victor, par les conseils de ses professeurs et d'autres personnes qui lui portaient de l'intérêt, se détermina à se consacrer à l'instruction publique; il est aujourd'hui répétiteur dans la pension de M. Dufour et passera l'année prochaine son examen pour devenir professeur dans un collége.

Voilà pour l'esprit.

Quant aux qualités du cœur, personne n'en remontrera à Victor Lambert. Il est franc, loyal, brave; il m'aime, me respecte et me traite comme si j'étais son père; il est fier et heureux de me donner le bras et de marcher avec moi par la ville. Enfin c'est un jeune homme d'or et je suis content de lui.

— Très pien, che comprends tout maintenant.

— Il comprend toujours, l'Allemand; Metternich, quoique vous soyez un peu rabâcheur, je n'ai qu'à me féliciter de vous avoir trouvé en qualité de concierge dans la loge de la pension Dufour... Vous êtes un homme à ma hauteur, un homme avec lequel je puis causer et boire un coup d'amitié; et vous me tenez au courant de tous les faits et gestes de mon cher enfant, que je ne vois pas, hélas! aussi souvent que je le voudrais. J'espère que vous me rendrez toujours le même service, d'autant plus que nous venons d'apprendre tout récemment qu'avant de nous connaître, nous étions déjà attachés l'un à l'autre par des liens...

— Ne parlez donc pas de ça.

— Quelle drôle d'aventure, tout de même! quel drôle d'aventure...

Moi, Jérôme Lantoine, artilleur fini, je rencontre au bal des Cœurs-Volants, barrière de l'Ecole, une charmante ravaudeuse du nom de Bellotte. Je m'enflamme, Bellotte s'enflamme; je consulte Lambert, et quoique la chose ne lui convînt pas infiniment, je marche à l'autel. Le diable aurait bien mieux fait de m'emporter ce jour-là. Bellotte m'avait promis une fidélité éternelle devant le maire du 7e arrondissement, quartier du Marais. Je voudrais avoir autant de bouteilles de vin à quinze en perspective pour la fin de mes jours qu'elle manqua de fois à ce serment. Elle voulut tâter de tous les régiments et de tous les grades. Je fus sacrifié à un tambour-major, à un lieutenant, à plusieurs sergents-fourriers, à des cavaliers et à des fantassins. Vingt-trois fois j'allai sur le terrain pour les beaux yeux de Bellotte. Enfin je me fatiguai de cet exercice qui cesse d'être récréatif, lorsqu'il se prolonge indéfiniment. Par le conseil de Lambert, j'usai d'une consolation que la loi accordait alors aux maris malheureux ; je divorçai. Ah ! il m'est impossible de vous dire de quelle félicité je jouis après avoir eu recours à cet énergique expédient. J'appris plus tard que Bellotte avait pris dans ses filets un Allemand qui l'avait épousée. Je plaignais de tout mon cœur le pauvre choucroûte, mais je ne m'attendais guère à le rencontrer un jour, et à le rencontrer dans la personne de Metternich.

— Ne parlez donc pas de ces choses-là...

— Oui, j'avoue que c'est cuisant, car Bellotte est une singulière femme... Avez-vous été long-temps heureux avec elle?

— Comme fous...

— C'est agréable... Mais vous au moins Metternich, vous étiez étranger, et elle vous a traité en ennemi; mais moi, un Français... sacré nom d'un petit bonhomme ! mais pourquoi n'avez-vous pas usé du même moyen que votre serviteur?

— Hélas! le diforse, il n'existait plus.

— En voilà du malheur! croyez bien, Metternich, que vous m'inspirez d'autant plus de pitié, ue j'ai été en position d'apprécier vos souffrances... Mais comment vous êtes-vous débarrassé d'elle ?

— Un peau matin elle est partie, et che n'en ai plus entendu parler...

— Eh bien! c'est la première bonne action qu'elle ait faite de sa vie...

— Oui, oui, che comprends pien.

— Il comprend toujours, l'Allemand...; mais on m'a dit que vous vous consoliez très facilement de votre veuvage... vieux farceur!

— Oui, chai une bétite maîtresse en ville dépuis l'année de la comète.

— Elle ne doit plus être de la première jeunesse?

— Quarante huit ans, tout au plis.

— Excusez...

— C'est une Allemante de Mayence.

— C'est ça... vous étiez voisins .. Cologne... Mayence... une ancienne amourette peut-être...

— Non, non, che l'ai connue au pal des cordonniers d'Allemagne, rue de la Tannerie... elle est pordeuse et se nomme Katenhoffer...

— Joli nom... Je parie qu'elle est rouge?...

— Plonde... plonde comme le soleil couchant.

— C'est pour elle, séducteur, que vous vous bichonnez si bien... c'est pour elle que vous portez un toupet retapé à neuf tous les matins et des redingottes à la propriétaire dans lesquelles vous ne pouvez pas entrer

— Eh! eh, eh, eh... Tenez, monsieur Lantoine, fous me croirez si fous foulez, mais che n'ai qu'une peur, c'est de rencontrer un chour Pellotte... Elle m'a blisieurs fois arraché les yeux...

— Elle était femme à ça...

— Et quand che vois dans la rue une fieille femme qui lui ressemble, ché mé saufe comme si Freyschütz était à mes trousses.

— Qu'est que c'est que ça ?

— Freyschütz... c'est le tiaple des Allemands.

— Ah ! ah ! ah ! très-bien ! L'ancien, nous allons, si vous voulez, retourner à la caserne. Le papa Dufour, votre chef de file, pourrait bien se lever et demander de vos nouvelles... Il vaut mieux être à son poste...

— Fous afez raison.

Victor n'était point encore rentré.

L'invalide parut contrarié ; il demanda à Metternich la clé de la chambre du jeune homme et y monta en murmurant, comme un vieux grognard qu'il était.

Il jeta, suivant son habitude, un coup-d'œil rapide sur le portrait du général Lambert, qui était suspendu au-dessus de la tête du lit, toucha respectueusement son épée et ses pistolets de combat qu'il avait rapportés de Varsovie et donnés au fils comme un glorieux héritage de famille, puis il tira de sa poche trois vieux bouquins qu'il plaça en évidence sur la commode.

— Là, dit-il à demi voix, il sera content, il aime les livres... je lui apporte un petit supplément pour sa bibliothèque... j'ai acheté ça sur les quais ce matin en venant de l'hôtel... je ne sais pas ce que c'est... mais des livres doivent toujours lui faire plaisir... pourvu qu'il y ait de l'écriture... ces savants sont comme ça... moi, j'aime mieux une chique de tabac ou un verre de vin... il est vrai que je ne sais ni lire ni écrire.

Après avoir soigneusement fermé la porte, l'invalide descendit l'escalier en se frottant les mains.

Il trouva Metternich aux prises avec huit ou dix gamins, qui pendant la récréation avaient profité de l'absence du maître d'études pour le tirer les uns par les jambes, les autres par les pans de sa redingotte. D'un coup de béquille il le délivra de leurs étreintes et lui rendit le plein usage de sa liberté. Metternich voulait en user pour se mettre à la poursuite de ses petits bourreaux. Il l'en dissuada en lui prouvant qu'il lui était impossible avec ses vielles jambes d'atteindre de pareils écureuils, et que ce qu'il avait de mieux à faire était de prendre les grands airs d'une clémence forcée, mais qui n'en a pas moins son prix, lorsqu'on sait bien jouer la comédie; la politique nous offre beaucoup de ces exemples là.

Le pauvre Metternich, avec ses ridicules et les allures de jeunesse qu'il voulait prendre, était le jouet de toute la pension. Grands et petits étaient sans cesse en quête de nouveaux tours à lui jouer. Tantôt on soufflait sa chandelle quand il passait le soir dans les escaliers ; — tantôt on retournait la grosse cloche de la cour qu'il était chargé de sonner, et on l'emplissait d'eau, de sorte que lorsqu'il venait tirer la corde pour remplir ses fonctions de réveil-matin, il s'administrait à lui-même une douche fort peu récréative, surtout en hiver ; —

tantôt, enfin, on profitait de son sommeil pour couper le cordon de la porte ou le tremper dans l'encre. Il faudrait plus d'espace que nous n'en avons ici pour énumérer tous les supplices auxquels était soumis ce martyr universitaire. Metternich, comme tous les hommes d'un caractère et d'un tempérament faibles, ne savait repousser ces persécutions que par de risibles colères et ses fureurs mettaient en joie tous ces polissons.

Metternich, délivré par l'invalide, rentra dans sa loge en écumant de rage; après avoir débité, pour soulager son cœur, tous les jurons allemands qu'il put trouver dans son vocabulaire, après avoir maintesfois menacé du poing les écoliers qui n'étaient plus là, il s'arrêta un instant, puis s'écria sur le ton de la douleur la plus amère :

— Ah! cela n'arriferait pas si monsier Fictor était touchours là... il sait faire respecter mon âche, lui, par tus ces maufais carnements... un seul de ses recards les fait tous trempler... Ah! monsieur Lantoine, si fous aimez M. Fictor, che l'aime bien aussi, moi...

— L'ancien, je voudrais que tout le monde l'aimât comme moi... mais il ne se montre pas... allons, je vais aller le chercher ailleurs... il faut absolument que je sache ce qu'il devient... Si vous le voyez avant moi, Metternich, dites-lui que je suis venu lui faire ma petite visite de tous les jours et que je repasserai demain par ici... bonjour, père Metternich... vous êtes bien heureux vous... vous êtes sûr de le voir aujourd'hui... tandis que moi... allons, bonjour...

— Bonchour... l'infalide.

Metternich suivit des yeux l'invalide jusqu'au détour de la rue de Fleurus; puis l'inquiétude et le regret se peignirent sur sa physionomie. Ne se voyait-il pas abandonné, sans défense, aux entreprises hardies de ses ennemis, les bambins.

II

Chambrette et Grisette.

Une correspondance aérienne et télégraphique est établie entre le père Lantoine et une jolie petite tête qui se montre entre deux pots de fleurs, au septième étage, dans une maison de la rue Saint-Hyacinthe, — cette rue à la pente si inclinée que l'on dirait qu'elle va se jeter dans les bras de la place Saint-Michel.

L'invalide fait d'en bas, avec sa béquille, un mouvement qui signifie :

Est-il là haut ?

Et la jolie tête lui répond par un hochement très prononcé de gauche à droite qui signifie, à ne s'y pas méprendre : « Il n'est pas ici. »

La petite moue qui succède au hochement témoigne en outre de tout le regret qu'éprouve la jolie tête.

— C'est égal, dit l'invalide, allons la voir... Sept étages ne m'effrayent pas... elle me parlera encore de lui, et ça fera ma petite provision de plaisir pour toute la journée.

Lantoine n'avait pas menti, sept étages ne l'effrayaient pas ; car avec l'aide de sa béquille il escalada très-gaillardement les deux cents et quelques marches qui conduisaient à l'ermitage de la jolie petite tête. A Paris une visite est presque toujours un voyage, — et souvent une ascension.

On attendait l'invalide sur le carré, et l'on se hâta de le faire entrer dans la chambrette.

Cette chambrette était un véritable paysage parisien. La petite fenêtre d'où l'œil plongeait sur l'horizon composé de deux parties, — ciel et toit, — était garnie de fleurs, — cobéas, capucines, liserons — qui lui formaient un gracieux encadrement. Au milieu, les roses, les œillets et les pensées figuraient un gros bouquet. Et pour compléter le tableau, un oiseau qui ne semblait pas regretter sa liberté, chantait joyeusement dans sa cage. Un petit lit bien blanc, — des fleurs encore sur la cheminée, — tout en ordre, — tout à sa place, — la propreté la plus coquette dans tous les coins, — quelques livres, et surtout des pièces de théâtre, sur la commode, — le soleil de la jeunesse et du plaisir éclairant tout cela, — enfin, tout ce qui fait de la mansarde de la grisette un petit palais, où l'on oublie la misère, les distances de rang, les chagrins de la vie, le monde entier ; — l'on se laisse aller malgré soi à l'insouciance et au bonheur. La grisette est une fée dont la baguette embellit tout ce qu'elle touche.

Depuis que dans notre pauvre France les esprits se sont tournés vers les jouissances positives et les calculs absolus, il est de bon ton, même parmi les jeunes gens, de médire des mansardes,—des belles mansardes de nos vingt ans. On tourne en ridicule le refrain du poète! On montre avec orgueil ses sacs d'écus et ses sophas aux moelleux coussins et aux franges dorées!.. Hélas! hélas! mes amis, soyez-en sûrs... Ceux qui vous disent le plus de mal des greniers, sont les égoïstes, les méchants et les rachitiques... les gens qui les ont habitées avec l'envie dans le cœur, sans amis, sans maîtresses; — les gens qui n'ont jamais su être jeunes, qui étaient jaloux de la santé et de la gaîté des autres; — mais la belle vie des mansardes, la belle vie de vingt ans n'inspire jamais que des regrets aux âmes franches, bonnes et ouvertes. Oui, quoiqu'on en dise, là était la félicité véritable! Envieux, pleurez encore de rage au souvenir des joies que vous n'avez pas partagées; mais gardez-vous bien d'en médire!

Chers lecteurs, vous êtes peut-être curieux de savoir ce que c'est que la jolie petite tête.

Eh! mon Dieu, il y a encore là une chronique d'amour.

Un jour, — ou plutôt un soir, — Victor Lambert se promenait sentimentalement sur le quai de l'Arsenal. Il réfléchissait peut-être à la manière d'interpréter un passage de Tacite ou un vers d'Anacréon. Tout-à-coup ses yeux s'arrêtèrent sur un groupe de trois jeunes ouvrières qui revenaient du travail et regagnaient la rue Saint-Paul. Ses yeux cessèrent bientôt d'errer de l'une à l'autre pour se fixer sur une seule qui était au milieu du groupe. Et, en vérité, elle était la plus jolie... Les jeunes ouvrières marchaient vite; Victor oublia Tacite et Anacréon pour les suivre. *Celle du milieu* demeurait rue d'Ormesson, au Marais. Tous les soirs Victor vint faire une petite promenade du quai de l'Arsenal à la rue d'Ormesson. Il arriva enfin à entamer une conversation avec la jeune fille. Il apprit d'elle qu'elle se nommait Thérèse, demeurait chez ses parents et qu'elle allait en apprentissage chez une fleuriste. Il apprit un peu plus tard que ses assiduités étaient vues d'un assez bon œil et qu'il pouvait, sans trop douter du résultat, poursuivre son amoureuse entreprise. Que vous dirai-je enfin? Thérèse céda comme Héloïse, comme Lavallière, comme Manon, comme toutes ces adorables femmes que la chronique et la fiction nous montrent tendres, dévouées, ne vivant que pour celui qu'elles aiment, et se souciant peu du bruit qui se fait autour d'elles.

Victor se précipita avec fureur dans les joies de cette première passion. Il était d'une nature impétueuse, exaltée; jusque là son caractére avait été maintenu sous le joug par la règle classique. Il vivait encore un peu sur les traditions du collége et s'ignorait lui-même. L'amour souleva un coin du voile qui cachait encore à tous les yeux les aspérités et l'énergie de sa constitution morale.

Victor voulut que Thérèse quittât ses bons parents et vint habiter une petite chambrette dans le quartier Latin. Thérèse obéit, ou plutôt elle le suivit avec joie. Car elle l'amait de toute son âme et comme on aime à seize ans, — sans réflexion, — sans égoïsme, — sans arrière pensée — pour aimer.

Quand Thérèse eût conduit l'invalide par la main jusqu'à la chaise qu'elle lui avait préparée, elle se plaça devant lui, croisa les bras d'une façon toute gentille et s'écria, les larmes aux yeux :

— Croiriez-vous bien, M. Lantoine, que voilà trois jours qu'il n'est pas venu...

— Pas possible?...

— C'est la première fois que cela lui arrive depuis notre...

Et la jeune fille s'arrêta embarassée.

— Oui... enfin... c'est clair... reprit l'invalide... depuis votre union...

— C'est cela...

— Lui avez-vous dit quelque chose qui ait pu le contrarier ?...

— Moi... jamais... reprit-elle avec un petit mouvement énergique...... je voudrais qu'il fût toujours heureux...

— Il a la cervelle toquée... bien sûr...

— Ah ! il ne faudrait pas que cela durât long-temps... voyez-vous... j'en mourrais...

Et tout en prononçant ces paroles, elle se mit à fondre en larmes.

L'invalide chercha à la consoler comme il put, et ils restèrent plusieurs grandes heures à s'entretenir ensemble de Victor.

III

Victor Lambert.

Victor était bien l'enfant du siècle.

Long-temps, jeune homme naïf et sans mauvaises passions, il avait suivi d'un pas tranquille le chemin que la destinée ouvrait devant lui. Il ne visait qu'à une chaire de professeur, et cet avenir lui plaisait; il se voyait voué à un travail paisible, obscur, mais fertile en jouissances intimes. Il rêvait des recherches de bibliothèque, des conquêtes de mots, la gloire des Rollin et des L'homond.

Il s'acquittait de ses fonctions présentes avec ardeur et conscience ; il cherchait à mériter par ses labeurs la paisible existence que ses études lui avaient préparées ; il ne réfléchissait pas à sa situation, il ne voulait pas y réfléchir ; il ne voyait rien au-delà des lieux qu'il habitait ; il se laissait doucement aller sur la pente de son sort.

Mais il vient un âge où un jeune homme, pour peu qu'il sente battre quelque chose sous sa mamelle gauche, et si le ciel ne lui a pas donné l'une de ces organisations rares et exceptionnelles, qui ont avant le temps toutes leurs qualités constitutives, et surtout la force de mépriser le monde et de vivre pour elles-mêmes, et dans la solitude ; — il vient un âge où le jeune homme ne peut pas se renfermer ainsi dans cette existence de convention qu'il s'est faite et échapper à sa destinée. C'est alors seulement que son caractère se forme par ce contact de tout ce qui l'entoure ; il veut en vain se séparer du monde, le monde vient à lui ; c'est une commotion électrique de tous les instants ; elle arrive par la lecture, par la vue, par les bruits publics, par les agitations du cœur ; dans notre temps surtout, que d'excitations, que d'attraits! tout est dans la rue. Nous avons la politique, nous avons la littérature, nous avons le théâtre, nous avons l'univers entiers qui vient poser devant nous : le moindre journal, avec ses nouvelles de tous les coins de la terre, avec ses spectacles, avec ses concerts, avec ses échos des salons, avec ses romans, est un enchanteur qui vous révèle à tout instant des perspectives inconnues, à vous qui voulez vivre pour vous seul ; à tout instant vous êtes associé par l'esprit au mouvement général. Restez donc reclus, quand vous trouvez tous les matins chez votre portier une gazette qui vous ouvre les portes du monde entier ! c'est impossible. A ce frottement là, les vocations se font jour ; l'ambitieux qui voulait rester humble et caché devient ambitieux, le voluptueux qui parlait de chasteté devient voluptueux, le courageux jette le froc aux orties et le Fénélon en herbe tourne les yeux vers la chaire,

On pourrait appeler ce symptôme *la révélation de vingt-cinq ans*. Victor Lambert sentait ce travail s'opérer en lui.

Bientôt il fut fièvreux et agité; il porta ses yeux au-delà des quatre murs d'un collége, il les tourna vers l'incertain ; il se demanda si le bonheur était dans cette existence froide, compassée, toute prévue qu'il s'était imposée, et dans ses longues rêveries nocturnes, il répondait : *non*. Sa nature hardie et impérieuse s'éveillait avec son intelligence et le forçait à prendre part aux agitations de son siècle. Il ne savait pas encore où il devait aller, mais il était bien résolu à ne pas poursuivre la route dans laquelle il était entré. Son état était violent, malheureux, son indécision cruelle; il ressemblait à ces malades qui éprouvent le besoin d'un soulagement, mais qui ne savent que demander au médecin.

Telle était la cause du changement que l'invalide avait remarqué dans le jeune homme, — changement qu'il ne comprenait pas, qu'il ne pouvait comprendre, et dont il s'affligeait en secret. Ce qui lui causait surtout une douleur mortelle, c'est que dans tous ses embarras, dans toutes ses peines, son fils d'adoption l'avait toujours choisi pour confident.—Cette fois, pas un mot.

A l'époque même où avaient commencé les amours de Thérèse et de Victor, celui-ci, qui avait la plus grande confiance dans l'homme qu'il appelait son père, lui avait tout dit. Lantoine n'était point un moraliste; il n'avait vu que le bonheur de Victor, s'en était réjoui et avait voulu connaître la femme qui s'était donnée à lui. Il l'avait trouvée bonne, dévouée, et avait conçu aussitôt un vif attachement pour elle. Lantoine, qui n'était ni général, ni baron de l'Empire, pensait qu'un bon mariage pouvait consacrer ces liens illégitimes, dès que Victor aurait assuré sa position.

Après ce témoignage d'une confiance sans bornes, l'invalide devait être bien étonné du silence que gardait Victor dans une circonstance où il pouvait avoir besoin de consolations et de conseils.

Mais l'invalide ne savait pas qu'il est de ces plaies que toutes les mains ne peuvent pas toucher !

IV

Les Débutantes.

Victor cherchait des distractions pour faire diversion à son mal. Il connaissait peu nos théâtres ; il se mit à les fréquenter.

Certain soir, un grand jeune homme à la figure mâle et expressive, aux yeux brillants, à la chevelure épaisse et noire, — mais dont les vêtements de couleur sombre et d'une coupe un peu simple annonçaient un provincial ou un savant, — était assis au parterre de l'un de nos théâtres de vaudeville.

C'était Victor.

Ignorant les usages du lieu, il s'était placé sous le lustre, — presqu'au milieu des claqueurs, — et il attendait patiemment que la toile se levât. Il lisait *l'Énéide.*

De temps en temps il jetait un coup-d'œil sur les femmes jeunes et brillantes qui venaient prendre place dans les loges, puis il baissait les yeux et son cœur battait violemment. Il regardait avec plus de hardiesse les jolis cavaliers qui accompagnaient ces dames; il se permit même de trouver quelques-uns d'entre eux grotesques, et il éclata de rire à leur nez. On le prit pour un Osage fraîchement débarqué.

L'affiche annonçait le début de deux nouvelles actrices dans une pièce nouvelle. L'une s'appelait Amélie de Saint-Brice, l'autre Cécile Blouot tout simplement.

Lorsque la Saint-Brice parut en scène, elle fut accueillie par trois salves d'applaudissements. Les claqueurs lui rendaient la monnaie des pièces de cent sous qu'elle avait données le matin à leur chef.

C'était une grande et jolie fille à l'œil provocateur, au geste libre, à la jambe découverte et hardiment jetée en avant, à la toilette élégante et bien troussée. On reconnaissait facilement en elle l'une de ces Lorettes qui, après avoir fait leur études dramatiques à la salle Bréda ou à Chantereine, se lancent sur une scène plus élevée, afin de tirer meilleur parti de leurs charmes.

Elle lançait de tendres regards à un vieux Monsieur assis dans une stalle d'orchestre. Ce vieux monsieur, qui était couvert de bijoux, et dont le binocle était constamment braqué sur elle, était probablement son protecteur, et elle le payait ainsi de tous les sacrifices qu'il avait faits pour favoriser ses débuts. Elle donnait aussi de temps en temps un coup-d'œil à un jeune homme très frisé et gant jaune, qui lui souriait du fond de sa baignoire d'avant-scène. Ce jeune homme était l'amant de cœur. Ces dames ne sont jamais prises sans vert; leur état-major amoureux se compose toujours de deux ou trois personnes au moins. On en a vu qui ne s'effrayaient pas de la demi-douzaine.

Le jeu d'Amélie de Saint-Brice était très faux, très mauvais, très éloigné de la nature. Mais les vieux et les jeunes Lovelaces des stalles et de l'avant-scène, auxquels plaisaient ses gestes égrillards et sa désinvolture de femme galante, lui prodiguaient les marques bruyantes de leur satisfaction. Les claqueurs payés se joignaient à eux; de sorte que le tumulte était très grand. Le vrai public haussait les épaules, mais il n'osait siffler de peur d'être assommé par les claqueurs. Telle est la discipline que les directeurs ont établie dans les théâtres.

Victor partageait très sincèrement les répulsions du vrai public pour Amélie de Saint-Brice. Son bon goût naturel, et qui n'avait point encore eu le temps de se corrompre, se révoltait de toutes ces minauderies et de toutes ces grimaces. Il ne comprenait pas qu'on put applaudir un jeu si pauvre et si misérable, et s'il avait eu une clef forée dans sa poche, lui qui ne connaissait pas comme ses voisins le danger auquel il pouvait s'exposer, il aurait vigoureusement démontré aux admirateurs de la Saint-Brice qu'ils n'étaient que des Welches, comme dit Voltaire, et que leur éducation dramatique avait été faite à mauvaise école.

Lorsque l'autre débutante, mademoiselle Cécile Blouot parut, il n'y eut pas un applaudissement sous le lustre. Mais, en revanche, un murmure de satisfaction circula dans les rangs du public. Sa figure était d'un dessin si beau et si pur, son maintien si décent, sa timidité si gracieuse, que de prime abord on ne pouvait s'empêcher de s'intéresser à elle.

Les spectateurs étaient déjà favorablement disposés en sa faveur, lorsqu'elle commença à parler. La chaleur et le naturel de son jeu, la suavité de son organe, achevèrent son triomphe. Sa première sortie fut accompagnée des applaudissements de presque toute la salle. Le silence que gardèrent les beaux de profession et les claqueurs de métier, prouvait que mademoiselle Cécile Blouot était une débutante toute autre que celle qui l'avait précédée sur les planches. Elle ne pouvait être qu'une de ces jeunes filles qu'une vocation véritable entraîne dans la carrière des arts, et qui viennent prodiguer à ce monstre dévorant qu'on appelle le public, leur jeunesse, leur beauté, leur verve, leur talent !

Il nous serait impossible de rendre en termes assez vifs l'effet que la jeune Cécile avait produit sur Victor. Depuis son entrée en scène, il était là, les yeux fixes, la bouche béante, le corps penché en avant. La vue de la jeune fille avait excité en lui une émotion qui ne tenait en rien des sentiments qui l'avaient agité jusqu'alors. Certes, il avait ressenti, il ressentait encore pour Thérèse une tendresse bien grande, mais la jeune Cécile faisait battre son cœur d'une toute autre manière. Ce qu'il éprouvait pour elle, c'était une sorte d'intérêt tendre, doux, dégagé des violences et des désirs de la passion ; il aurait voulu vivre à côté d'elle, la voir, lui parler, la protéger. Toutes les fois qu'on l'applaudissait, les bravos résonnaient délicieusement dans son âme. Si on lui avait dit qu'il fallait qu'il donnât tout son sang pour lui faire obtenir un succès complet, il l'aurait donné.

A mesure que l'ouvrage avançait vers son dénouement, Cécile gagnait en faveur auprès du public. Le crédit d'Amélie de Saint-Brice ne faisait, au contraire, que baisser de plus en plus. Les spectateurs de bon aloi qui s'étaient aperçus de l'enthousiasme que professaient pour elle les agents salariés de l'administration et de la froideur qu'ils avaient témoigné à Cécile, s'étaient soulevés contre tant d'injustice, et tenaient à cœur de prouver à l'intéressante débutante combien elle leur plaisait. Les hommes pris en masse ont presque toujours de bons élans. Pourquoi ne sont-ils pas toujours réunis ?

Amélie de Saint-Brice était furieuse, et faisait la grimace toutes les fois qu'elle était à côté de sa rivale. Le public lui répondait par des murmures et des quolibets. Alors elle jetait un coup-d'œil de détresse du côté des avant-scènes, pour demander du secours à ses amis. Le vieux protecteur s'agitait dans sa stalle comme le diable dans un bénitier.

Après la pièce, Cécile fut rappelée, et le public l'accueillit par un de ces grands mouvements d'enthousiasme qui soulèvent quelquefois toute une salle. Victor pleurait de joie. Tout à coup un sifflet fit entendre ce son aigu si redouté des acteurs et des auteurs.—Tout le monde se lève. Les cris de *à bas! à la porte!* retentissent de tous côtés. Nouveau coup de sifflet. Victor, qui la première fois avait tourné les yeux du côté d'où le bruit était parti, et ne les avait pas détournés encore, vit très distinctement le vieux protecteur d'Amélie de Saint-Brice tirer une clef de la poche de son gilet, puis l'y remettre après avoir joué son désagréable solo. Furieux, il s'élança de sa place vers l'orchestre, franchit d'un bond la balustrade qui sépare les stalles du parterre, et se précipitant sur le vieux protecteur, le prit au collet en l'appelant des termes les plus durs. Il l'aurait étranglé, si on n'était venu l'arracher de ses mains. — On le conduisit au bureau du commissaire de police, qui l'interrogea, le prit pour un fou, et ne le relâcha qu'après avoir pris son nom, son adresse, et lui avoir fait promettre qu'il se présenterait en police correctionnelle si la victime jugeait à propos de se plaindre.

Mais le vieux protecteur, qui n'était autre que le comte de La Mortelli, envoyé en France d'une cour d'Italie, ne jugea pas à propos de donner suite à cette affaire. Il craignait les brocards des petits journaux.

V

Le Foyer des Acteurs.

Après l'ouvrage nouveau, et pendant la dernière pièce, le foyer des acteurs fut fort agité. Tout le personnel du théâtre s'y était réuni pour causer de l'événement qui venait d'avoir lieu dans la salle. Chacun l'interprétait à sa façon, et les commentaires allaient leur train.

La langue la mieux pendue de la société était sans contredit une vieille femme qui était assise sous le tableau des répétitions, et dont la toilette mérite d'être décrite.

Elle consistait en un chapeau énorme d'une étoffe très passée, un tartan tricolore, une robe de soie puce, des bas jadis blancs, des souliers éculés, un cabas dans lequel on aurait pu faire entrer plusieurs enfants en bas-âge et un parapluie rose.

Cette vieille femme se faisait appeler madame de Saint-Brice; Amélie de Saint-Brice la nommait *ma mère*.

Dans ce moment elle paraissait fort animée, et ne cédait la parole à personne.

— Il faut tout de même, disait-elle, que ce manant-là soit un fameux sauvage... Aller comme ça éreinter un homme sans rime ni raison... Encore, si c'était un de ses pareils... Mais s'en prendre à un homme aussi huppé et aussi généreux que M. le comte... Si ces brigands-là chassent de ce pays-ci tous les gens comme il faut, que deviendront les pauvres femmes, mon Dieu! Il n'y a plus en France que des capitaines de la garde nationale, des marchands d'allumettes et des avocats sans cause.,. tous grigous ! Ils se feraient couper en quatre pour un rouge liard...

— Madame veuve de Saint-Brice, dit alors M. Polydore, le comique de la troupe, d'un ton fort goguenard, madame veuve de Saint-Brice doit avoir vu avec d'autant plus de douleur la scène qui vient de se passer, que M. le comte de La Mortelli est presque pour elle un gendre...

— C'est bon... c'est bon... monsieur Polydore... M. le comte est ce qu'il est... Le fait est qu'il veut du bien à mon Amélie... et que vous ne lui en voulez guère... vous... On s'en est bien aperçu aux répétitions... Vous lui flanquiez toujours mal sa réplique, et vous lui lanciez de temps en temps des coups de lardoire. Mais ne poussez pas plus loin vos méchancetés... Vous auriez affaire à moi... Car, jour de Dieu ! j'aime Amélie comme ma fille, et...

— Elle n'est donc pas votre fille, reprit Polydore en souriant ?

— Si fait... si fait... C'est une bêtise de ma langue... Jour de Dieu ! Amélie n'être pas ma fille! Je l'ai obtenue en légitime mariage du colonel de Saint-Brice, mon défunt, qui a fait toutes les campagnes de l'Empéreur, et qui est mort d'un rhumatisme sous cette gueuse de Restauration...

— Voyez comme il y a de méchantes langues... On m'avait affirmé que le colonel de Saint-Brice n'était qu'un être imaginaire et vous une mère d'emprunt... Il y en a comme cela au théâtre... On ajoutait que vous en étiez au moins à votre quinzième fille, et que vous aviez déjà fait les coulisses de tous les théâtres de Paris...

— Qu'est-ce qui a dit cela... Qu'est-ce qui a dit cela... s'ecria la veuve Saint-Brice en se levant brusquement et en mettant le poing sur sa hanche... Vous n'avez qu'à lire le *Moniteur universel*... Vous y verrez ce pauvre Saint-Brice couché tout du long... Il n'y a que des monstres qui puissent inventer des horreurs pareilles... Mais je les repincerai... et leur affaire sera bonne...

— Dites-donc, reprit alors Polydore en

s'adressant aux autres personnes qui étaient là... Avez-vous vu le succès qu'a obtenu la petite fille?... Et le directeur ne paraissait pas compter sur elle... C'est toujours comme cela... Les ouvrages et les acteurs qui doivent attirer tout Paris font ordinairement un four complet *... Le public accueille bien ceux qu'avait repoussés la sagesse administrative...

— Vous trouvez donc qu'elle a du talent, cette petite?... dit la Saint-Brice.

— Beaucoup... Avec du travail, elle ira loin.

— Vous n'êtes pas difficile...

— Pas plus difficile que le public...

— Bah! une cabale...

— Une cabale qui se compose de la majorité d'une salle..... J'aimerais beaucoup à être épaulé par une cabale de ce genre là... Et puis les avant-scènes et les stalles d'orchestre n'applaudissaient pas... C'est bon signe...

— Qu'entendez-vous dire par là, M. Polydore...

— Rien... absolument rien.

* Terme de coulisses. — Chuter, n'avoir pas de succès.

— Mais enfin... on s'explique...

— Et bien... J'ai voulu dire que les suffrages qu'a obtenus mademoiselle Cécile Blouot, elle ne les doit pas uniquement à ses jolis yeux et à sa toilette... et que l'estime qu'on fait de son avenir y est pour une bonne part...

— Il faudra voir... il faudra voir... Il y en a comme ça qui font les mijaurées et qui ne valent pas mieux que les autres... Qui sait? Ce sauvage qui a voulu étrangler M. le comte en plein orchestre, c'était peut-être un amant de la petite...

— Oh! oh! madame veuve Saint-Brice, vous allez bien loin...

— Et pour ma part... j'aimerais mieux avoir un amant aux avant-scènes qu'au parterre...

— Assez... Assez..., madame veuve Saint-Brice... Du reste, il paraît que M. votre gendre... pardon, je me trompe... que M. le comte avait bien mérité son sort... Il s'était permis de manifester sa désapprobation d'une manière un peu éclatante. Et comme il est un peu de la maison... par mademoiselle votre fille... cela n'est pas de bon goût...

— Je vous trouve bien hardi, d'oser critiquer les actions de M. le comte... D'un comte...

— Vous avez raison, et je vous supplie de lui en faire mes excuses.

— C'est bon... Je n'y manquerai pas...

— Et j'ajouterai qu'il est fort malheureux que mademoiselle Cécile n'ait pas au foyer un défenseur aussi énergique et aussi habile que M. le comte en a trouvé un dans madame veuve de Saint-Brice... Car probablement elle ne serait pas attaquée avec tant d'aigreur et d'injustice...

— Ah ça... Croyez-vous que j'aie peur de quelqu'un?... Non..., non..., personne ne m'effrayerait... Quand on a fait toutes les campagnes de l'Empire et qu'on a visité toutes les capitales de l'Europe...

— Oh! je sais que les veuves de la grande armée ne tremblent pas facilement...

— Vous ne valez pas vraiment la peine que

je vous réponde, dit la veuve de Saint-Brice en prenant une prise de tabac...

— C'est un compliment, madame, fit Polydore en s'inclinant.

La veuve Saint-Brice, qui ne comprenait pas, prit une autre prise de tabac pour sauver son attitude.

— Ah çà, continua Polydore en s'adressant encore à la compagnie, mais en parlant pour la veuve, il paraît certain que la petite n'a pas seulement une inclination de cœur... Pure comme un ange...

— Si ça ne fait pas suer, grommela la veuve Saint-Brice entre ses dents !...

— Elle est venue trouver le directeur en compagnie de sa mère... Une femme fort respectable... Une femme fort respectable...

La veuve haussa les épaules.

— Et elle lui a déclaré qu'elle voulait embrasser la carrière du théâtre pour s'y faire un nom, et pour assurer par son talent un avenir à elle et à sa mère... Si dans un an, a-t-elle ajouté, le public ne m'a pas prouvé par ses encouragements que je puis un jour devenir quelque chose, je me retire et je rentre dans mon obscurité...

— C'est de la modestie, dit la duègne de la troupe.

— Les grands artistes en ont tous, ajouta Polydore... Voilà pourquoi on en trouve si peu dans les coulisses de notre théâtre...

— Parlez donc pour vous, ajouta la duègne en minaudant.

— Je parle pour moi et pour les autres...

— Cet homme-là est vraiment insupportable, s'écria la Saint-Brice... Je m'en vais..., car il me ferait dire quelques bêtises...

Polydore la suivit, l'arrêta dans le corridor conduisant à l'escalier des loges, et lui dit à l'oreille :

— Madame veuve Saint-Brice, soyez plus indulgente pour les autres..., et surtout ne faites jamais la méchante avec moi... Je vous ai connue à l'Ambigu sous le nom de madame de Saint-Robert, veuve d'un colonel de la grande armée, et vous aviez alors une fille qui jouait les ingénuités... au theâtre... et qui s'appelait Athénaïs de Saint-Robert. Puis, je vous ai connue encore aux Folies-Dramatiques... Vous vous appeliez alors madame de Saint-Amaranthe, veuve d'un colonel de la grande armée, et votre fille, qui jouait les rôles travestis, s'appelait Atala de Saint-Amaranthe... Ainsi...

— Est-il possible..., s'écria la veuve Saint-Brice, qui avait enfin retrouvé sa voix !

— Chut !... Silence et mystère !...

Et Polydore s'éclipsa.

— Dieu ! que le pauvre monde est malheureux, se disait à elle-même la veuve de Saint-Brice en montant l'escalier des loges... On ne peut pas, même dans ce gueux de Paris, gagner son pain tranquillement... Il y a des tas de particuliers qui ont des mémoires que ça fait frémir... Ils vous remettent au bout d'un siècle... Le métier est perdu, ma parole d'honneur... J'aurai soin de ne pas me trouver trop souvent côte à côte avec ce damné Polydore...

Au moment où la veuve Saint-Brice entra

dans la loge d'Amélie, celle-ci était occupée à persuader à son vieux protecteur qu'elle avait une migraine trop forte pour aller souper avec lui. Le comte se contenta des raisons bonnes ou mauvaises que sa Dulcinée voulut bien lui donner, et il regagna sa voiture en toussant et en se plaignant de sa douleur au côté.

Lorsqu'il fut parti, la veuve Saint-Brice dit à Amélie :

— Ah ça, tu veux donc aller souper ce soir avec Gustave ?...

— Non... Gustave m'ennuie...

— Déjà ?...

— Oui... Mais je le garderai comme amant de cœur... Il est gentil..... Il a un cabriolet et des gants jaunes..., et il me fait honneur à l'avant-scène...

— Mais qu'est-ce que tu vas donc faire ce soir ?...

— J'ai invité à souper chez nous M. Alfred...

— Qui çà ?... Le petit musicien de l'orchestre ?...

— Justement...

— Celui à qui tu as déjà donné une chaîne de montre et deux douzaines de cravates ?...

— Précisément...

— Un pané... qui a des bottes en souffrance, un habit qui rit aux coudes et des cheveux qui lui tombent au milieu du dos parce qu'il n'a pas de quoi les faire couper... Tu as là un drôle de goût...

— Si ça me plaît.

Il n'y avait pas un mot à répliquer. La veuve Saint-Brice baissa la tête et savoura une longue prise de tabac de la Civette.

On vint avertir Amélie que le directeur l'attendait dans son cabinet.

— Tiens, se dit en elle-même la veuve, est-ce qu'elle lui aurait déjà donné dans l'œil ?

Amélie devina la pensée de la vieille femme, car elle reprit aussitôt :

— C'est sans doute pour mon engagement... Je crains bien que l'affaire ne s'arrange pas... Ces imbécilles-là m'ont un peu cahotée ce soir.

— Bah ! bah !... tu mettras demain un peu plus de diamants et ça marchera...

— Et puis d'ailleurs s'ils ne sont pas contents, j'irai ailleurs... Les théâtres ne manquent pas et on ne trouve pas facilement pour jouer les bouche-trous une femme qui ait mes toilettes...

— Pardine!

— Dites donc , la mère... allez avertir Gustave que je ne puis pas partir avec lui ce soir... Il est à l'avant-scène du rez-de-chaussée...

— Qu'est-ce que je lui dirai ?...

— Que le comte m'a emmenée...

— Mais tu sais qu'il est toujours aux aguets... s'il a vu le comte partir seul...

— Eh bien... vous inventerez quelque chose... On dirait vraiment que vous ne vous êtes jamais trouvée à pareille fête...

Amélie se dirigea vers le cabinet du directeur et la veuve Saint-Brice vers l'avant scène du rez-de-chaussée.

Gustave est un de ces charmants garçons, fils d'avoué, de marchand de drap ou d'épicier, qui sont les lions de l'époque actuelle. Il n'a que douze à quinze mille livres de rentes, et veut faire le Soubise et le Fronsac; mais comme il n'a pas de quoi tenir une maîtresse sur pied, il est obligé de laisser faire les gros frais par un autre et de venir en sous ordre. Il paie les dîners chez Pétron, les parties de campagne et les bouquets. Amélie l'aime un peu pour sa figure, un peu pour son cabriolet. C'est son amant de cœur. Mais ces femmes-là éprouvent le besoin de tromper tous ceux qui dépensent quelque chose pour elles. C'est un reflet des habitudes dépravées que l'on rencontre plus bas encore. Gustave n'en est que pour cent louis par an; c'est déjà trop. Il mérite d'être trompé pour ses cent louis. Amélie éprouve le besoin d'avoir un amant qui ne lui donne rien... bien au contraire. Aussi Gustave a-t-il toujours un rival heureux et qui joue vis-à-vis de lui le rôle que lui-même joue vis-à-vis du comte. Tantôt c'est un sous-officier de cavalerie, tantôt un écuyer du Cirque Olympique, tantôt un amoureux du théâtre des Funambules, tantôt un étudiant en droit dans le malheur, tantôt un rédacteur d'un journal littéraire qui ne paraît jamais, tantôt enfin une petite flûte ou un second violon d'un orchestre quelconque.

Cet amant là s'appelle le *Greluchon*, dans le langage de ces dames. Explique ce terme qui pourra. On fait des sacrifices pour le Greluchon, et le Greluchon rend cela en amour et en coups de canne. Il est souvent beaucoup moins joli garçon, beaucoup moins spirituel et toujours beaucoup moins propre que l'amant de cœur qui procure des plaisirs et qui ne bat pas. Et cependant il est le préféré. Le cœur des Lorettes est une énigme que je ne me charge pas de déchiffrer. J'abandonne ce soin aux Champollion futurs. Ils auront fort à faire.

La veuve Saint-Brice se fit ouvrir par le régisseur la porte de communication, qui va des coulisses dans la salle, — porte dorée devant laquelle les commis-marchands et les fils de famille s'arrêtent en soupirant.

Elle offrit une prise à chacune des ouvreuses qu'elle rencontra sur sa route et tailla avec l'une d'elles en particulier une bavette qui avait plus d'un quart-d'heure de long.

La fin du spectacle la surprit au milieu de cette intéressante conversation. Elle courut à la loge du rez-de-chaussée; Gustave n'y était plus. Elle courut au théâtre; Amélie était partie.

La veuve Saint-Brice qui n'avait jamais le sou sur elle, car elle dépensait tous ses petits profits chez le débitant de liqueurs fortes et au bureau de tabac, fut obligée de retourner à pied rue Neuve-Saint-Georges. Ce qui la chagrina fort.

VI

Chez une Lorette.

La veuve Saint-Brice trouva Amélie à demi-couchée sur un divan et froissant d'un air de mauvaise humeur les rubans de son bonnet entre ses doigts.

— Eh bien... qu'est-ce que tu fais donc là? lui dit-elle...

— Laissez-moi tranquille... vous m'ennuyez...

A ces mots la veuve releva la tête, chercha

à se donner un air de dignité et s'écria en levant tragiquement les bras au ciel :

— Amélie, je te déclare qu'il y a long-temps que j'exerce la profession de mère d'actrice... J'ai été auprès de la petite Laura, qui est partie pour la Russie avec un danseur... De Zétulbé, qui en sortant de chez Seveste a épousé un marchand de bois en gros... De Fifine, qui a tourné la tête d'un Anglais... et de bien d'autres encore... Eh bien... jamais je n'ai été traitée comme ça...

Amélie ne broncha pas... elle pensait sans doute à autre chose. La veuve Saint-Brice exaspérée, donna un libre cours à ses lamentations :

— Et cependant, Amélie, qu'avez-vous à me reprocher ? Lorsque vous avez songé à prendre le théâtre, vous avez éprouvé le besoin d'avoir auprès de vous une mère qui vous servît de chaperon et vous communiquât un air plus décent et plus virginal ! Vous m'aviez connu auprès de ma dernière, Emilie Tourniquet, seconde danseuse à la Porte-

Saint-Martin. Vous me fîtes des propositions... cinquante francs par mois, la nourriture, le café le matin pour moi et pour Azor, vos vieilles robes et des égards... J'acceptai... Et je le répète, qu'avez-vous à me reprocher? n'ai-je pas d'excellentes manières? Pouvez-vous me citer quelqu'un qui ressemble plus que moi à une vraie mère? Est-ce que je ne prends pas des précautions pour m'introduire chez le liquoriste et pour aller voir mes anciennes amies? Est-ce que je ne vous fais pas honneur sous tous les rapports!

— Qu'est-ce qui vous dit le contraire?

— Mais oui... tu me dis le contraire... puisque tu me traites comme la dernière des dernières.

La veuve Saint-Brice porta à ses yeux son grand mouchoir à carreaux bleus, et se mit à sangloter, ou à faire semblant de sangloter.

— Allons... dit Amélie... est-ce que vous allez pleurnicher à présent... il ne manquerait plus que cela...

— Il y a bien de quoi...

— Eh... je ne vous en veux pas...

— Vrai...

— Mais non... j'ai quelque chose qui me contrarie...

— Raconte-moi ça... je trouverai peut-être le moyen de te consoler.

— Alfred n'est pas venu...

— Voyez-vous ce paltoquet là !

— Et avez-vous vu Gustave ?

— Non... il était parti...

— Il aura sans doute été souper avec ses amis... je le regrette maintenant...

— Veux-tu que je l'aille chercher...

— Eh ! savons-nous donc où il peut être?

— C'est juste... est-ce que tu ne soupes pas?

— Non...

— Nous avons cependant là du gigot aux haricots qui nous reste du dîner... Tu sais qne tu l'aimes...

— Du gigot aux haricots... donnez ! donnez ! Ce vilain comte me fait toujours manger des crêmes fouettées et un tas de chatteries...

J'aimerais bien mieux dîner avec vous et la bonne... du gigot aux haricots! C'est un souvenir d'enfance... j'en mangeais tous les jours chez ma mère qui était portière...

— Tiens... tu m'avais dit qu'elle était rentière...

— Portière... rentière... je ne m'en souviens plus... donnez-moi le gigot aux haricots.

Amélie s'attabla et se mit à dévorer, comme si elle n'avait pas mangé de la journée. L'estomac d'une Lorette est aussi capricieux que son caractère.

— Dites donc, la mère, savez-vous ce que m'a offert ce cuistre de directeur...

— Pas grand chose?...

— Moins que ça...

— Ah! bah!...

— Vingt-cinq francs par mois...

— Bigre... ce n'est pas avec ce trésor là que tu pourras acheter des cachemires pour tes épaules et des girandoles pour tes oreilles...

— Je n'ai jamais beaucoup compté sur ces appointements-là pour vivre... Eh bien... c'est égal... j'ai été humiliée quand il m'a offert si peu... Il n'y a pas même de quoi acheter des épingles... La mère, je vous donne les vingt-cinq francs par mois...

— Merci, ma fille...

— Dieu! que ce gigot est bon!

— Est-ce qu'il aurait eu l'infamie d'engager l'autre...

— Certainement qu'il a eu cette infamie là... Il lui accorde trois mille francs par an, des feux, une représentation et je ne sais combien d'autres avantages... C'est joli pour une commençante... et surtout pour une commençante qui a de la vertu...

— La vertu rapporte si peu!

— Et coûte tant!.. Est-ce qu'il n'y a plus de champagne, la mère?

— Tu as bu hier la dernière bouteille.

— Tant pis... Je dirai au comte d'en envoyer... Donnez-moi encore du vin ordinaire. ça passe tout de même et ça étourdit moins... quel dommage qu'Alfred ne soit pas là pour partager ce frugal repas... Est-ce que par hasard le petit bonhomme aurait déjà placé son cœur ; je voudrais bien voir ça...

Mademoiselle Amélie se trompait. Alfred n'avait pas placé son cœur ; et s'il n'était pas encore là, le brûlant jeune homme, c'est qu'il avait rencontré des obstacles insurmontables.

Alfred a pour père un musicien de la vieille-roche, qui dans sa vie s'est servi de son archet autant pour donner sur les doigts à son fils, que pour râcler les cordes de son violon. Il a pour principe que la jeunesse doit être tenue ferme et en bride, si l'on ne veut pas qu'elle fasse des folies. Alfred est donc serré de près. Il ne peut s'absenter de chez lui, hors les heures de son service, sans la permission de son cher père.

Lorsque la charmante Amélie lui avait adressé son invitation à souper, l'heureux Alfred ne s'était pas senti de joie. Il avait accepté, mais avec cette réserve qu'il irait avertir son père qu'une répétition générale à son théâtre l'obligerait peut-être à rentrer un peu tard.

En effet, après le spectacle il courut jusqu'au haut du faubourg Saint-Martin, puis après avoir raconté son mensonge à l'auteur de ses jours, avec le moins d'embarras qu'il put y mettre, il alla rue Neuve-Saint-Georges, tout palpitant d'émotion et le cœur battant la campagne. L'amoureux qui se rend à son premier rendez-vous tremble comme le soldat qui voit le feu pour la première fois. On n'est bien aguerri qu'à la seconde bataille.

De son côté Gustave n'était point en compagnie de ses amis, comme l'avait supposé Amélie. Un jeune Sporstmann anglais avec lequel il se trouvait dans sa loge, lui avait fait compliment des grâces piquantes de sa maîtresse, et cette flatterie indirecte avait donné une nouvelle force au caprice qu'il éprouvait pour elle. Il voulait la faire souper en trio avec l'insulaire. Mais quand il alla la chercher dans sa loge, on lui apprit qu'elle venait de quitter le théâtre. Polydore qu'il rencontra et auquel il demanda des nouvelles d'Amélie, lui dit avec le plus grand sang-froid du monde, qu'elle était probablement sortie avec la petite flûte de l'orchestre, auquel il lui avait entendu donner rendez-vous le matin même. Le traître savait bien à qui il parlait !

Gustave furieux, se précipita du côté de la rue Neuve-Saint-Georges. Le concierge de la maison, — véritable maison de Madeleines non repentantes, — auquel il donnait de fréquents pour-boire, lui avoua, en confidence, que Madame était rentrée, mais qu'elle lui avait ordonné de faire monter un tout petit jeune homme, s'il venait la demander. — Plus de doute ! c'était la flûte !...

Gustave se mit en observation dans la loge ! Il voulait attendre l'arrivée de son rival, et se bien convaincre de son malheur.

Alfred ne tarda pas à débarquer. Gustave le suivit dans les escaliers, puis dans l'appartement, et fit son entrée en même temps que lui dans le boudoir de l'infidèle.

Ce fut un coup de théâtre saisissant, un

tableau d'une énergie bien accentuée, et qui aurait mérité d'être reproduit par le pinceau de Biard ou de Lepoitevin !

A la vue des deux jeunes gens, la veuve Saint-Brice et Amélie poussèrent un cri et laissèrent tomber leur fourchette sur la table... Alfred effrayé se retourna et resta immobile en voyant Gustave... celui-ci demeura dans le fond, les bras croisés et les yeux lançant des éclairs... Le griffon de l'actrice se mit à aboyer, le perroquet à jeter ces glapissements rauques qui annoncent l'approche d'un orage, et la bonne accourue à tout ce bruit, compléta le tableau en faisant, sur le pas de la porte, une grimace fort expressive, qui peignait l'étonnement le plus complet et le plus drôlatique.

Dès que tout le monde fut revenu de ce premier mouvement de stupeur, Gustave se mit à entamer avec Alfred une conversation très-chaude, — conversation qui malgré l'intervention et les gémissements d'Amélie, aurait pris sans doute une tournure fâcheuse, — si un grand tapage ne s'était pas fait tout-à-coup entendre vers l'antichambre. Tous les yeux se tournèrent de ce côté..... Victor parut sur le seuil de la por e du boudoir !

On conçoit la surprise dans laquelle son aspect jeta tout le monde! Comment ce jeune homme était-il venu là ? Pourquoi était-il venu ?

Un soupçon bien naturel pénétra tout-à-coup dans l'esprit de Gustave et d'Alfred : si ce troisième visiteur était un rival plus heureux ? Il devait l'être, puisqu'il arrivait plus tard. Chez ces dames chacun a son heure, et celui qui arrive à minuit est plus favorisé que celui qui n'a obtenu que le rendez-vous de dix heures.

Les deux jeunes gens se regardèrent involontairement, puis ils partirent d'un grand éclat de rire. — Ils s'étaient compris.

Après cela, ce qu'ils avaient de mieux à faire, c'était de se donner une poignée de main et de s'en aller chacun de son côté. C'est ce qu'ils firent, sans qu'Amélie trouvât la force de les retenir. Seulement la veuve Saint-Brice qui était dans la salle au moment où Victor avait fait son invasion sur le comte de La Mortelli, et qui l'avait reconnu, suivit Gustave en tremblant et le supplia de rester pour les défendre contre les entreprises d'un cannibale. Gustave ne voulut pas seulement l'écouter, et lui ferma la porte au nez. La veuve se hâta de retourner auprès d'Amélie, mais en passant elle eut soin de prendre un grand couteau à la cuisine.

— Madame, dit Victor à Amélie, je n'ai qu'un mot... un seul mot à vous dire...

— L'heure est singulièrement choisie, répondit-elle avec une certaine émotion.

— Remettez-vous... je ne suis point un malfaiteur...

— Certainement... vous avez une physionomie qui prévient en votre faveur... cependant...

— Tout à l'heure... en sortant du spectacle... j'ai eu occasion de m'enquérir de votre adresse auprès du concierge du théâtre... et comme j'avais quelque chose à vous demander...

— A me demander ?..

— Oui... une jeune fille vient de débuter tout à l'heure à vos côtés... ses succès ont paru faire sur vous une impression fâcheuse...

— Mais, Monsieur...

— Vous êtes riche... vous êtes puissante... vous avez beaucoup de protecteurs et d'amis... elle paraît privée de tous ces avantages... votre haine pourrait lui faire beaucoup de mal.. ne la haïssez pas, je vous en prie...

— Mais, Monsieur, qui êtes-vous?..

— Que vous importe...

— Son amant peut-être?

— Je ne le serai jamais... je ne veux pas l'être... l'intérêt que je lui porte est dégagé de tout sentiment égoïste... Je voudrais qu'elle soit heureuse...

— Vous la connaissez donc depuis longtemps?..

— Il y a deux heures, je ne l'avais jamais vue.. je ne lui ai point encore adressé la parole.

— Vraiment?..

Amélie jeta sur le jeune homme un regard

où se peignait une bienveillante curiosité ; puis, après un moment de silence, elle ajouta :

— Et qui a pu vous faire supposer que je fusse portée à nourrir des sentiments malveillants contre mademoiselle Cécile Blouot ?..

— Je commence à espérer que je vous ai mal jugée... les femmes sont meilleures que nous ne le disons.

Amélie ne put s'empêcher de sourire.

— Dites-moi donc que vous ne la haïssez pas, dit Victor.

— Je ne la hais pas... et les souvenirs de cette soirée sont déjà effacés de mon esprit... les choses futiles nous occupent tellement, nous autres femmes, que nous n'avons pas le temps de songer aux choses importantes...

— Oh ! merci, Madame, merci pour elle...

— Et pour vous?

— Oh ! vous êtes bonne, dit-il, sans lui répondre directement, et en prenant sa main sur laquelle il imprima ses lèvres...

— Est-ce tout ce que vous avez à me dire, ajouta la jeune femme un peu troublée...

— Pardon... j'aurais encore un service à vous demander... mais je n'ose... c'est si indiscret...

— Parlez toujours...

— La chose est de si peu d'importance...

— Ce sont souvent celles-là qui ont le plus de valeur...

— Tout à l'heure le concierge n'a pu me dire où demeurait la mère de Mademoiselle Cécile Blouot...

— Ah ! ah ! et c'est de moi que vous voulez l'apprendre ?...

— Oui...

— Vous voulez donc la revoir ?..

— Oui... pour lui offrir mon appui contre ceux qui voudraient lui nuire...

— C'est de la chevalerie...

— C'est de l'amitié... et de l'amitié la plus vraie et la plus pure... Eh bien ?...

—Eh! bien... je crois avoir vu sur les billets de répétition de mademoiselle Cécile, qu'elle demeure faubourg Poissonnière, 52 ou 54... oui... 54...

7

— Adieu, madame... et permettez-moi de vous dire que je conserverai de vous le souvenir le meilleur et le plus gracieux...

Il s'inclina profondément et se retira.

Amélie resta quelque temps plongée dans ses réflexions, puis elle dit tout à coup :

— J'aimerais cet homme-là...

— Comment, s'écria la veuve Saint-Brice... mais c'est celui qui a voulu couper la respiration à ce pauvre vieux comte...

— C'est égal... j'aimerais cet homme-là.

VII

Autre visite.

Le lendemain Victor était dès le matin au faubourg Poissonnière.

La maison qui portait le numéro 54 était l'une de ces maisons à l'aspect calme et décent, qui font dire tout desuite au visiteur : « Ici habitent d'honnêtes gens. »

Un jardin s'épanouissait dans le fond de la cour. Plusieurs appartements situés au rez-de-chaussée, et dont les fenêtres étaient ouvertes, laissaient apercevoir de véritables intérieurs de famille : de beaux enfants jouaient çà et là sur l'herbe ; les mères quittaient un instant leur demeure pour venir les surveiller, paraissaient sur le seuil des portes, puis rentraient aussitôt pour vaquer aux soins du ménage. Le silence le le plus profond régnait de tous côtés. Point d'allées et de venues indiscrètes. Tous les hôtes du lieu se saluaient familièrement et avec cordialité ; on voyait bien que tous se connaissaient, avaient confiance les uns dans les autres, et qu'il n'y avait point là d'existences douteuses et problématiques, — comme on en trouve dans presque tous les quartiers de Paris — et surtout dans les environs du Palais-Royal, de la rue Notre-Dame-de-Lorette et du boulevart du Temple.

Après les agitations de la soirée de la veille, Victor se sentit heureux d'avoir sous les yeux un pareil spectacle. Il était rappelé malgré lui vers la calme et innocente régularité de sa vie de collége.

Il demanda Mademoiselle Cécile Blouot.

— C'est madame Blouot que vous voulez dire...

— Comment ?...

— Mademoiselle Cécile Blouot demeure avec madame sa mère.

— Ah ! pardon... c'est madame Blouot que je voulais dire...

— Au quatrième... au-dessus de l'entresol... sur le derrière...

Victor fut introduit par madame Blouot elle-même.

Madame Blouot était une femme de quarante ans, qui avait dû être fort jolie ; ses manières étaient décentes plutôt que distinguées ; sa physionomie exprimait la bonté, et le calme de sa conscience se peignait sur ses traits si placides.

L'appartement était petit, mais bien tenu. Point de luxe, point de meubles éclatants, point de superfluités ; mais partout l'ordre et la propreté. Le noyer faisait reluire de tous côtés sa probité sévère, et de blanches cotonnades étalaient aux fenêtres et sur les chaises leur économique splendeur. A côte d'un lit un piano très simple et très modeste. On respirait à l'aise dans cet intérieur où rien ne choquait le cœur ni les yeux ; il était facile de reconnaître du premier coup-d'œil que l'on se trouvait au milieu de l'un de ces ménages de la toute petite bourgeoisie parisienne, dans lesquels une fierté bien placée sacrifie aux apparences et les satisfait à force de privations et de douloureux subterfuges. Cette misère-là est celle que l'on plaint le moins et qui est supportée le plus dignement et le plus difficilement par ceux qui en sont atteints. La philantropie patentée ne porte la main que sur les plaies qui s'étalent volontiers au grand jour ; elle néglige tout-à-fait la pauvreté des quatrième et cinquième étages. Il est vrai que cette pauvreté là a trop d'estime d'elle-même pour mendier et tendre la main.

Victor, qui était un homme de sens et de grande pratique morale, se sentit touché en pénétrant dans ce sanctuaire; on aurait dit qu'il devinait du premier coup tous les mystères de cette vie de dévouement et de sacrifices.

Madame Blouot fit asseoir Victor et sans quitter sa broderie, attendit qu'il parlât. Elle tratravaillait évidemment pour vivre. Le général vous reçoit l'épée au côté, le savant au milieu de ses livres, l'ouvrier son travail à la main.

— Vous ne me connaissez pas, madame... dit Victor...

— Monsieur, je ne crois pas avoir jamais eu l'honneur de vous connaître, répondit-elle sur le ton du doute...

— Aussi, madame, n'est-ce point une question que je vous adresse... c'est une affirmation que je vous soumets... vous ne me connaissez pas...

— Eh bien... alors... Monsieur...

— Ma visite vous étonne?...

— Je ne le cache pas...

— Je vais m'expliquer. Le hasard, madame, m'a conduit au théâtre le jour où débutait mademoiselle votre fille... j'ai ressenti tout à coup pour elle une sympathie bien vive.

— Monsieur... dit madame Blouot, dont la figure s'était tout à coup couverte d'une rougeur subite... seriez-vous donc venu ici pour m'insulter?

— Je ne vous comprends pas, madame...

— Ah! lorsque ma fille se destina à cette carrière, l'on ne m'avait que trop dit à combien d'humiliations et de hontes nous pourrions être exposées... j'avais toujours vécu bien loin de ce monde nouveau dans lequel nous allions entrer... je n'ai point ajouté foi à ces avertissements que me donnait l'amitié... je vois maintenant, hélas! combien ils étaient sincères...

— Ah! madame, reprit Victor avec vivacité... Si je vous ai causé le moindre chagrin, prenez ma vie... Mais vous vous trompez, madame, je vous le jure... Par la mémoire de mon père, vous vous trompez!

— Mais qui êtes-vous donc? reprit madame

Blouot, auquel le ton de sincérité avec lequel s'exprimait le jeune homme inspirait déjà quelque confiance...

— Oh! rassurez-vous, madame... Je ne suis ni l'un de ces roués qui marchandent l'honneur des femmes... ni l'un de ces fats qui croient n'avoir qu'à se montrer pour séduire et perdre l'innocence... Non..., non... Moi aussi j'ai vécu jusqu'ici loin de ce monde qui vous effraie, et c'est peut-être parce que je suis neuf encore à ses préjugés et à ses délicatesses, que je n'ai pas assez pesé la portée de la démarche que je viens faire auprès de vous... Mais écoutez-moi... madame..., et ce que je vais vous dire, je vous le jure encore, est aussi vrai que la vérité elle-même... Prenez-moi pour un enfant, pour un homme des forêts, pour un fou... Mais écoutez-moi... Oui... j'assistais au début de mademoiselle votre fille..., et, lorsque je l'ai vue, j'ai ressenti pour elle cette sympathie pure et ardente que m'explique seule la tendresse du père pour sa fille, du tuteur pour l'orpheline, de l'homme fort pour la créature faible... J'ai entendu dire autour de moi dans la salle que mademoiselle votre fille avait pris le théâtre par vocation... qu'elle était sans amis, sans parents sur la terre... qu'elle n'avait que sa mère pour soutien... Alors une idée folle peut-être s'est emparée de moi... J'ai résolu de venir vous trouver franchement, sans arrière-pensée, de vous proposer ma protection pour remplacer celle de ces amis, de ces parents qui vous manquent...

— Monsieur, il règne dans vos paroles un ton de loyauté et de vérité si difficile à imiter, que malgré l'étrangeté de votre démarche, la nouveauté singulière de vos procédés, je ne puis m'empêcher de vous croire... Et je vous remercie bien vivement de l'intérêt que vous voulez bien nous porter à moi et à ma fille... Mais puisque vous m'avez mis vous-même sur ce chapitre, permettez-moi de vous dire qu'il paraît en effet que vous n'en êtes encore qu'à votre entrée dans le monde, et que vous ne connaissez ni ses préjugés, ni ses rigueurs.

Si vous aviez été plus expérimenté, monsieur, peut-être auriez-vous compris combien l'offre que vous venez de me faire était insolite et inacceptable...

— N'accusez que mon ignorance, madame...

— Je vous le répète, vous m'avez semblé si loyal et si sincère, que je mets tout d'abord vos intentions à l'abri... Mais le monde est exigeant et cruel... Les intentions ne lui suffisent pas... Les faits seuls parlent pour lui. Et que dirait-on si l'on voyait ma fille sous le patronage d'un jeune homme qui n'est ni son parent, ni l'ami de sa famille ?...

— Vous avez raison, madame, et je n'avais pas réfléchi à toute l'imprudence de ma proposition...

— Jusqu'ici la protection d'une mère a suffi à Cécile, et j'espère qu'elle lui suffira toujours. Restée veuve de bonne heure et sans aucune fortune, mon travail a suffi à l'éducation de ma fille. Je la lui ai même donnée plus brillante que ne le comportait notre situation. Ses goûts la poussaient vers les arts. La musique surtout avait pour elle des attraits irrésistibles. A force de privations, je pus lui donner des maîtres. Ses progrès furent rapides ; mais, je dois le dire à sa louange, cette occupation ne lui fit jamais oublier ce qu'elle me devait, et ce qu'elle se devait à elle-même. Elle m'aida toujours dans mes travaux, et pour se livrer à son occupation favorite, elle prit sur l'heure de ses repas, sur le sommeil de ses nuits. Enfin, un jour elle m'avoua le penchant irrésistible qu'elle éprouvait à monter sur la scène... Elle me parla d'avenir pour elle, de soulagement pour moi... Elle me montra au loin la gloire et les couronnes... Le cœur d'une mère est faible, surtout lorsqu'il s'agit du bonheur de sa fille... Après une longue résistance, je cédai... Je n'avais aucune répugnance pour une profession où le talent vous place à la hauteur des positions sociales les plus élevées... Mais j'ai juré que ma fille rentrerait avec moi dans sa laborieuse obscurité le jour où ses espérances ne seraient pas entièrement satisfaites, et où l'artiste en elle ne releverait pas la femme... Maintenant, le reste est dans la main de Dieu!... Mais, monsieur, continua-t-elle sur un ton plus indifférent, je vous entretiens là de nos affaires, qui, sans doute, vous intéressent fort peu...

— Oh! madame... je vous ai écoutée avec un plaisir bien vif... et ce que j'ai entendu a augmenté encore, s'il était possible, l'estime que vous m'aviez inspirée... Vous ne sauriez croire combien est devenu plus vif le regret que me fait éprouver le refus très naturel et très légitime que vous m'avez adressé. Mais ne me sera-t-il pas au moins permis de vous rendre de temps en temps une courte visite?...

— Vous oubliez, monsieur, ce que je vous ai dit du monde et de ses exigences... A quel titre viendriez-vous ici? Et comment voudriez-vous empêcher que la calomnie ne s'emparât de vos assiduités auprès de nous? Vous n'êtes, je vous le répète, ni notre parent, ni même l'ami de notre famille... Une actrice est si compromise par sa position même, et cette position lui impose tant de ménagements et de prudence!... Les seules personnes qu'il nous sera permis de recevoir, et encore avec une discrétion extrême, seront celles qui appartiennent à notre théâtre... des auteurs... quelques acteurs... Et vous, vous n'appartenez pas, je crois, au théâtre?...

— Non..., madame...

— Adieu donc, monsieur, dit-elle en se levant, et puisque je ne dois plus vous revoir, je puis vous dire que je n'ai pas douté un seul instant de vous, que vous laisserez dans mon esprit une impression favorable, et que je me souviendrai toujours avec reconnaissance du témoignage d'estime et d'affection que vous avez bien voulu nous donner...

—Eh bien!... madame..., reprit Victor avec chaleur..., puisque vous voulez bien me rendre cette justice, que l'offre que je vous ai adressée était l'expression d'un sentiment loyal et sincère, permettez-moi d'exiger de vous une promesse... une promesse qui ne doit en rien vous compromettre, et dont les résultats ne pourront, au contraire, que vous être utiles et favorables...

— Quelle promesse, monsieur?

— Vous et votre fille, vous êtes seules au monde... Or, il y a des gens qui seraient assez lâches pour abuser d'une position pareille... Et vous n'avez sur la terre aucun homme au bras duquel vous puissiez avoir recours... Promettez-moi, madame, que si jamais un danger sérieux vous menaçait, que si jamais vous aviez besoin d'un appui, c'est moi que vous appelleriez à votre aide...

— Je vous le promets, monsieur..., dit madame Blouot, qui était émue malgré elle...

— Et maintenant, adieu, madame... Je n'ose pas dire... au revoir...

Au moment où Victor allait sortir, Cécile entra dans la chambre en sautant comme un enfant. Elle s'arrêta tout-à-coup à la vue du jeune homme, et dit en rougissant à sa mère :

— Il me semble que c'est monsieur... qui hier soir... dans l'orchestre...

— Ah! c'est monsieur..., dit la mère...

— Oui madame, répondit Victor en baissant les yeux...

Et il se retira en échangeant avec Cécile l'un de ces regards dont on se souvient toute la vie.

VIII

Résolution.

L'âme de Victor Lambert venait de s'ouvrir à des sensations nouvelles. En quelques heures il avait plus vécu que depuis le jour où son intelligence avait commencé à se développer. Sentir, c'est vivre.

Ces femmes si jeunes, si brillantes, si parées; ce luxe, ce mouvement, ces mœurs faciles qu'il ne connaissait pas et qui au premier coup-d'œil ont tant de charme et de coquetterie, tout cela avait ajouté au trouble de sa situation morale. Ses devoirs présents, si éloignés du monde dans lequel vivait son esprit, lui pesaient et lui causaient un dégoût profond. Il fallait s'en délivrer à tout prix.

Mais que faire? que devenir?

La jeunesse est confiante. Victor avait souvent, dans les loisirs de l'étude, jeté sur le papier le trop plein de son imagination et la poésie de son cœur. Ces timides essais lui revinrent alors à l'esprit. Ils étaient peut-être le germe d'un avenir. C'est une noble manière d'illustrer un nom que de le montrer paré des lauriers de la gloire littéraire. Elle n'a rien à envier à celle des armes. En se consacrant à une aussi noble tâche, Victor ne donnait-il pas une sorte de satisfaction à la mémoire de son père?

C'est ainsi qu'il colorait sa passion nouvelle d'honorables et légitimes prétextes!

Mais à quel genre se livrera-t-il?

Le théâtre.

N'est-ce pas là où un esprit brillant, éclairé, hardi, peut se développer avec le plus de liberté? N'est-ce pas l'arène des grands succès et des triomphes populaires? Le théâtre, avec ses luttes, ses incertitudes, ne ressemble-t-il pas à un champ de bataille? La victoire n'y appartient-elle pas au plus fort et au plus habile? Voilà le terrain qui convient au fils du général Lambert!

Et puis Madame Blouot n'a-t-elle pas dit au jeune homme : « Vous n'appartenez pas au théâtre. » Quel motif puissant pour le pousser encore du côté de la scène? Désormais le seul obstacle que la sollicitude maternelle lui opposait, sera levé. Il pourra voir Cécile tous les jours, à toute heure. Il pourra lui lire les produits de sa verve. Il l'entendra réciter sa prose! Quel bonheur!

Victor n'ignore pas que la carrière à laquelle il se destine est hérissée de ronces et d'épines, que l'intrigue et le savoir-faire y sont encore un plus sûr moyen de parvenir que le talent, que tous les abords sont soigneusement gardés par la foule des médiocrités et des gens d'esprit qui ont besoin de vivre. S'il ignorait cela, les plaintes des poètes de tous les temps le lui rappelleraient. — Il triomphera de toutes les difficultés! Son père était à la redoute de la Moskowa!

Avant de réussir, il faut quelquefois attendre bien long-temps, et Victor n'a pas un sou de fortune. Victor a confiance dans la bonté du ciel.

Il ne s'arrête pas un seul instant à la pensée de rester encore quelques années dans les rangs modestes de l'Université et d'attendre là que le succès vienne couronner ses efforts! Consacrer à l'instruction de rebelles et ingrats enfants une partie des instants précieux qu'un travail d'avenir doit seul occuper... Non... non... il ne fera pas cela. Il lancera plutôt son esquif à l'aventure et naviguera sous l'étoile des marins — l'espérance!

Oh! la jeunesse aime les hasards!

Ce que la jeunesse aime encore, c'est à ne pas différer l'exécution des projets qu'elle a conçus. Vouloir vite ce qu'elle veut, faire vite ce qu'elle a voulu, tel est son procédé ordinaire.

Victor résolut de quitter dès le lendemain la pension de M. Dufour, et d'aller ailleurs commencer son entreprise sous un nom nouveau.

Le glorieux nom de son père ne devait pas être compromis dans des essais qui pouvaient être malheureux. Il serait temps de le montrer alors que l'on pourrait faire rayonner autour de lui, comme une poétique et brillante auréole, les noms de vingt ouvrages couronnés par les mains du public!

Oh! la jeunesse se plaît aux illusions et aux rêves!

Victor avait agité tous ces projets dans sa tête pendant une longue insomnie. Lorsque ses irrésolutions furent enfin fixées, minuit sonnait à l'église Saint-Étienne-du-Mont. Il se mit un instant à sa fenêtre pour respirer l'air frais de la nuit et contempler le ciel parsemé d'étoiles.

Il lui sembla qu'une femme, debout à l'angle de la rue voisine, avait les yeux dirigés sur sa fenêtre. Elle disparut aussitôt, mais pas assez rapidement pour que Victor ne pût reconnaître Thérèse et n'entendît retentir des sanglots dans le silence de la nuit.

IX

Vieillard et Jeune Fille.

— Comment, Mademoiselle Thérèse, vous ici... dans le dortoir des Invalides... C'est une rose au milieu de la neige, comme dirait le tambour de la première compagnie... un farceur fini et qui a fait des vers dans son temps pour le couronnement de l'impératrice Joséphine...

— Monsieur Lantoine... je viens vous demander un service...

— Je suis prêt à vous en rendre quatre...

— Conduisez-moi à la pension de M. Dufour...

— Tenez... j'allais quitter l'hôtel pour m'y rendre de ce pas et militairement...

— J'irai avec vous...

— Permettez-moi de vous dire qu'il n'est peut-être pas très convenable qu'une jeune fille, jolie et avenante comme vous l'êtes, aille dans une pension demander un professeur qui est de l'âge de tous les amoureux de roman...

— Je n'écouterai aucune observation...

— Victor ne sera pas content...

— Il faut que vous me conduisiez à la pension.

— Je sais que vous êtes une petite femme de tête... et que lorsque vous voulez bien quelque chose, il n'y a guère moyen de vous en faire démordre... Mais comment vous introduirai-je là-bas...

— Hé! comme votre fille... votre mère... tout ce que vous voudrez... c'est bien naturel...

— Naturel... naturel...

— L'avez-vous vu hier?

— Qui ça?...

— Victor...

— Je suis arrivé au moment où il montait en cabriolet pour aller je ne sais où... il m'a fait un petit signe de tête et puis a filé comme si le vent l'emportait... Comprenez-vous que voilà trois jours que je ne lui ai parlé...

— Et moi... quatre... quatre jours entiers!... Il y a de quoi en mourir...

— Bah! on n'en meurt pas...

— Vous n'en savez rien, M. Lantoine...

— J'ai su tout ce que vous savez et je n'en suis pas mort...

— Mais qu'est-ce que Victor peut donc avoir?...

— Ma foi... je ne devine pas trop...

— S'il était amoureux!

— Je ne crois pas...

— Dites-moi donc que c'est impossible...

— Eh bien... c'est impossible...

— Etes-vous prêt, M. Lantoine... partons...

— Partons... ces jeunes filles sont comme du salpêtre!

De l'hôtel des Invalides à la rue des Postes

le trajet est long. Thérèse ne dit cependant pas un mot. Mais elle marchait si vite que l'invalide avait peine à la suivre. Elle ne s'arrêta que lorsqu'elle fut arrivée devant la maison de M. Dufour. Elle commença à trembler, prit le bras de l'invalide et marcha un peu en arrière de lui.

— C'est ça, dit le père Lantoine... Les jeunes filles ressemblent assez aux conscrits... Avant que le brutal ne gronde, c'est tout feu et tout flamme... toujours en avant... et puis quand vient le moment décisif, on commence à suivre les boutons de guêtres des anciens...

— Ayez pitié de moi... je vous en supplie...

— Minute... je ne veux pas vous intimider... ma pauvre enfant... d'autant plus que je ne suis pas très sûr moi-même de ma tenue...

Avant d'entrer, le vieux soldat assura son tricorne, se balança sur ses hanches et donna le coup de fion à sa taille.

Lorsque Metternich vit passer l'invalide avec une jeune fille à ses côtés, il lui adressa un petit sourire d'intelligence et se hâta de donner un coup de peigne à son vieux toupet.

Thérèse voulait que l'invalide entrât le premier dans la chambre de Victor et l'annonçât. Elle craignait une explosion de mécontentement.

L'invalide entr'ouvrit gauchement la porte et resta là la bouche béante.

— Eh bien! qu'as-tu donc?.. mon vieil ami,.. lui dit Victor,.. tu resembles à une carpe qui vient de digérer un hameçon.

— Ma foi j'aime mieux vous dire ça tout de suite... Thérèse est là...

— Eh bien ! qu'elle entre...

Thérèse qui s'attendait à un tout autre accueil, se précipita avec joie dans la chambre, et courut se jeter au cou de Victor.

Pendant que les deux amants se livraient aux élans d'une tendresse mutuelle, l'invalide, en promenant les yeux dans la chambre, s'aperçut que tout y était sens dessus dessous. Le portrait et l'épée du général avaient quitté leur place ordinaire; les livres gisaient pêle-mêle sur le plancher; les tiroirs de la commode avaient été vidés dans une grande malle qui ouvrait sa large gueule pour engloutir encore quelques objets. Charles, contrairement à ses habitudes de gravité universitaire, était en manches de chemise et tenait à la main une corde avec laquelle il s'apprêtait à lier une petite cassette qui était déjà pleine de brochures et de manuscrits.

— Que signifie donc cela, Victor, s'écria l'invalide?...

— C'est vrai, reprit Thérèse, pourquoi tout ce remue-ménage?...

— Mes amis, je quitte la pension Dufour...

— Pour aller?..

— Pour aller demeurer avec toi, Thérèse...

— Avec moi, quel bonheur! s'cria la jeune fille en se jetant encore une fois au cou de Victor.

— C'est drôle tout de même, pensa l'invalide.

— Oui, mon vieux Lantoine, dit Victor; j'abandonne l'université pour suivre une autre carrière... je t'expliquerai cela...

— Vous n'avez rien à m'expliquer... Victor... tant que vous n'étiez qu'un enfant et que vous avez eu besoin de quelqu'un qui veillât sur vous et qui eût soin que la soupe ne manquât pas à votre gamelle, j'ai été là... Maintenant que vous êtes un grand garçon et que vous avez plus d'instruction dans votre petit doigt que moi dans toute ma personne, je n'ai plus de comptes à vous demander... c'est à moi à vous suivre... Tout ce que vous ferez sera bien fait... et je me contenterai d'adresser des vœux sincères au ciel, pour que vous soyez aussi heureux que vous le méritez...

— Merci, mon vieux Lantoine... merci... reprit Victor en lui serrant cordialement la main... et maintenant, mes chers amis, aidez-moi à finir le déménagement.

Thérèse ne se le fit pas dire deux fois ; elle jeta les livres pêle-mêle dans la malle et se hâta de la fermer. Puis elle embrassa encore Victor.

Quand tout fut prêt, le bagage qui n'était pas

lourd, fut chargé sur les épaules d'un commissionnaire.

Au moment de partir, Victor arrêta Thérèse et Lantoine et leur dit avec une sorte de solennité :

— Et maintenant, jusqu'à nouvel ordre, mes chers amis, oubliez que je m'appelle Lambert... Dès aujourd'hui je prends le nom de Victor Destaillis...

— Qu'est-ce que j'entends là, reprit l'invalide!... Comment, M. Victor... vous quittez le nom de votre père... ne le trouveriez-vous donc plus assez noble et assez beau pour vous?...

— Ecoute, mon vieux soldat,.. si au temps où tu marchais sous les drapeaux de l'Empereur, tu avais vu un conscrit arriver au corps, sans protecteurs et sous un nom obscur ; si ce conscrit après avoir enlevé une redoute à l'ennemi et gagné les épaulettes de capitaine, avait révélé son véritable nom qu'il ne voulait pas exposer aux injures de la discipline subalterne, et désigné pour son père l'un des plus illustres chefs de l'armée... dis-moi... mon vieux soldat... est-ce que tu n'aurais pas approuvé de grand cœur ce conscrit là...

— Ma foi... si... et... je l'aurais pris pour mon chef-de-file...

— Eh bien... mon ancien... je veux faire comme ce conscrit...

— Et vous ferez bien... mille bombes! Partons du pied droit et en route...

Victor ne put s'empêcher de jeter un coup d'œil de regret sur cette maison où il avait passé les plus beaux jours de son enfance et de sa jeunesse; mais ses pensées se reportèrent bientôt vers l'avenir et il s'éloigna.

Thérèse marchait à côté de lui, toute joyeuse, et l'invalide chantait le refrain de la *Marseillaise*.

X

Une Journée complète.

Thérèse fit du mieux qu'elle put les honneurs de son logis.

Le local était bien petit, mais elle parvint à caser tout ce qu'apportait Victor. Lui-même était le moins difficile à caser.

Le portrait et l'épée du père eurent la place d'honneur. Les livres trouvèrent leur coin entre les fers à repasser et les cartons.

Quand tout le petit ménage fut installé, on songea au repos. Une petite table boîteuse fut dressée ; une serviette fit l'office de nappe. Un seul verre figura dans le couvert. Il y avait deux fourchettes, avec une seule assiette.

Le charcutier et la fruitière, ces deux grands fournisseurs de la petite cuisine parisenne, firent les frais du festin.

Victor accoutumé à la froide ordonnance des maisons universitaires, trouva tous ces détails pittoresques et charmants.

On dîna, l'un assis sur un carton et l'autre sur une chaise, mais plus souvent tous les deux sur la chaise.

On s'interrompit si souvent que le dîner devint un souper. Lorsque les deux convives se levèrent, la lune jetait déjà ses rayons dans la chambrette.

Victor fit part de ses projets à son amie. Elle les accueillit avec enthousiasme... La gloire, le bruit, tout cela résonne si agréablement à l'oreille des femmes, et surtout des femmes de Paris ! Quelque humble que soit leur position, elles comprennent ces mots là et il y a un écho dans leur âme pour y répondre.

Dans son enthousiasme, Thérèse saisit le bras de son amant et le conduisant à la petite fenêtre de la mansarde, elle lui montra du doigt le ciel qui était tout coloré, au loin, des feux du couchant.

Elle semblait lui prédire ses destinées futures.

Victor prit dans ses deux mains la tête de la jeune fille, imprima un long baiser sur son front, puis se pencha sur les fleurs, qui au déclin du jour, exhalaient leurs derniers parfums.

Il tomba dans une rêverie délicieuse.

XI

Le Théâtre.

Victor ne se trompait pas trop lui-même quand il se promettait, dans son ardeur de jeune homme, un avenir brillant.

Je sais bien qu'il se laissait un peu aller à l'exagération ordinaire à la jeunesse et qu'il jetait de la poudre d'or sur les pages futures de sa vie; mais nous sommes tous ainsi faits. Nous escomptons nos dernières années avec libéralité. Aussi je défie un homme, quelque haute que soit sa position, de dire qu'elle est égale à ses espérances d'autrefois.

Le vieil académicien qui a eu deux pièces jouées au Théâtre-Français, avait rêvé qu'il effacerait Corneille; le lieutenant-général en retraite, avait rêvé le bâton de maréchal de France; le prince qui est devenu roi par le hasard des événements, avait rêvé qu'il serait empereur; la femme qui a encore toutes ses dents et toute sa fraîcheur à cinquante ans, s'afflige de voir ses cheveux blanchir, parce qu'elle avait rêvé autrefois un printemps séculaire. Hélas! hélas! que de déceptions nous préparent nos premiers rêves! si nous étions sages, nous y mettrions une certaine mesure, de façon à ne trouver aucun mécompte dans la suite et avoir même du profit; on goûterait alors bien mieux les douceurs de sa position.

Mais le moyen de recommander la mesure et la sagesse à des cerveaux de vingt ans! Il en coûte si peu d'espérer; il en coûte si peu de placer à la suite les unes des autres d'énormes additions imaginaires, dont le total réel ne doit se faire que dans un quart de siècle. Il faut si peu de matériaux pour construire des *châteaux en âge mûr*, véritables châteaux de cartes qui s'écroulent plus tard au vent de l'expérience. L'âge mûr est aussi riche que l'Espagne en constructions fantastiques, en palais d'or, de soie et de fumée.

Eh mon Dieu! pourquoi reprocherait-on ce travers à la jeunesse? Le désenchantement vient assez tôt la punir de ses tentatives insensées sur l'avenir? Et connaissez-vous rien de plus cruel que le désenchantement pour une âme ardente? connaissez-vous rien de plus cruel pour cette âme-là, que de voir arriver fatalement, irrésistiblement les années sans que ses vœux soient accomplis?

Voilà encore douze mois qui s'écoulent et je ne suis rien! —Encore douze mois et je ne suis rien! — Encore douze mois et je suis à peine quelque chose! — Hélas! qu'il est difficile d'atteindre le but! — Quand je serai quelque chose, —bien peu de chose,—mes cheveux seront gris, ma taille voûtée, mes yeux éteints; je porterai une douillette de soie puce, des lunettes et une perruque rousse! — Et moi qui me voyais autrefois dans mes rêves traîné au Capitole sur un char de triomphe par tout un peuple enthousiaste !! Qu'il y a loin d'où je suis, — d'où je serai dans vingt ans, — au Capitole !

Et cet homme qui nous parle là devient au moins *quelque chose*. Il devient, — ou membre de l'Institut, — ou bibliothécaire de l'arsenal, — ou procureur-général en province, — ou commandant de place sur la frontière, — ou commissaire du roi près le théâtre Français, — ou inspecteur-général du bureau de bienfaisance, — ou chef de division dans un ministère, — ou censeur, — ou directeur de la salubrité publique, — ou agent de change retiré des affaires, — ou petit capitaliste à l'abri, — ou mari d'une cantatrice qui gagne cent mille francs par an, — ou premier ténor du théâtre de Bordeaux, — ou pair de France, — ou gérant d'un journal, — ou économe d'un hospice riche en malades, — ou chef de contrebandiers.

Mais faut-il vous parler de ces pauvres diables pour lesquels le désenchantement est plus amer encore, de ces misérables parias auxquels rien ne réussit, qui n'arrivent à rien, et qui, après avoir lutté pendant de longues années contre leur destinée, comme le naufragé lutte contre les flots qui le repoussent de la plage, viennent s'échouer sur un grabat des faubourgs ou sur un lit d'hôpital!

Ah! ceux-là doivent bien se repentir d'avoir poussé si loin autrefois la téméraire ambition de leurs espérances! Maintenant qu'ils sont ballotés entre la misère, la vieillesse et la mort, — triste milieu! — chacun de leurs souvenirs est pour eux un coup de poignard! L'existence qu'ils s'étaient promise était si belle, si bien éclairée, si brillante, qu'il y a quelque chose d'affreux à la rapprocher de celle qu'ils se sont donnée. C'est la pourpre à côté des haillons, l'ambroisie à côté de l'eau infecte des ruisseaux, le jour le plus splendide à côté de la nuit la plus horrible et la plus sombre. Ces malheureux sont tués par leurs regrets autant que par leur misère! De pareils regrets sont pour la vieillesse un bien dur oreiller.

Quand on a eu quelquefois de pareils exemples sous les yeux, on en vient à trembler pour soi-même... on en vient à envier le sort de ces natures brutales et racornies, qui vivent pour vivre, n'ont pas de besoins d'esprit, mais seulement des besoins d'estomac, ne voient jamais au-delà du jour présent, et ont une jeunesse aussi bornée dans ses désirs que leur vieillesse le sera dans ses jouissances. Ces natures-là deviennent plus rares tous les jours; vous en trouverez encore quelques-unes au fond de nos campagnes, peu dans les villes. Avec les lumières,—l'ambition,—une ambition légitime et naturelle—s'est glissée jusque dans les atelier les plus humbles, jusque dans les chaumières les plus écartées. Là aussi la jeunesse commence à avoir ses rêves.

Ecoutez nos grands politiques réactionnaires. Ils vous diront que cette tendance des esprits les plus simples et des fortunes les plus petites vers un avenir inconnu, est l'une des plaies de notre situation actuelle. Nous leur répondrons que s'il y a là un mal pour leur système, il y a un bien énorme pour la société, car l'ambition engendre l'émulation et la société en profite.

Qui ne sait pas gouverner son pays avec ses tendances nouvelles, ses agitations, ses besoins nouveaux, celui-là est indigne de le gouverner. Réglez l'élan, mais ne l'étouffez pas. Jeter sans cesse un coup-d'œil en arrière, regretter l'abrutissement et l'ignorance, baser sa politique sur la nullité des êtres qu'on est appelé à conduire, c'est avouer son impuissance. L'homme d'état doit se mettre à la tête de la société comme le conducteur de la locomotive à la tête de son convoi de wagons... il doit la diriger dans sa course aventureuse, le front en avant et l'œil fixé à l'horizon !

Je comprends bien que le gouvernement ainsi entendu est plus difficile que celui que voudrait nous imposer une certaine école politique; mais il faut se conformer au goût de son siècle, même en matière de gouvernement, ou se tenir à l'écart.

Eh! Monsieur le réactionnaire, si vous ne

voulez gouverner que des brutes, allez aux colonies, dont la population esclave n'est pas encore émancipée, malgré la vive sympathie que vous semblez professer pour elle. Là vous trouverez de braves nègres qui n'ont aucun souci, puisque d'autres pensent pour eux, et qui se laissent conduire comme des enfants, pourvu qu'on leur donne à heure fixe le manioc et le couscoussou ! Mais pensez-y, ce genre de gouvernement là rencontre un obstacle bien terrible... la faim !

J'espère que mes lecteurs me pardonneront cette petite digression en faveur des préoccupations du moment.

Je reviens à notre héros.

Sous le rapport des illusions, Victor paya amplement tribut à son âge. Il s'enfla en imagination comme la grenouille de la fable, et poussa son espoir jusqu'aux limites du possible. Mais, nous devons le dire, sa confiance reposait sur une base assez solide.

Victor n'était point, après tout, un homme ordinaire. Il avait de l'esprit, de la verve, de l'étendue dans les idées, et toutes ces qualités naturelles, qui ne demandaient qu'à se développer et à se faire jour, avaient pour fondement de bonnes études classiques.

Depuis quelque temps, on a affecté de tourner en ridicule l'instruction du collége, et de dire qu'on pouvait s'en passer. Ce n'est pas là notre avis : on n'apprend pas le grec et le latin pour le grec et le latin ; on les apprend pour pouvoir lire dans leur idiôme, (et c'est la seule manière de les bien lire), les chefs-d'œuvre des deux plus belles littératures du monde. Là, on puise des leçons de goût et d'élégance. On a prétendu qu'en sortant du collége un jeune homme était propre à tout et propre à rien. Ne comptez-vous donc pour rien cet avantage immense d'être propre à tout ? Le terrain est cultivé avec soin ; il n'y a plus qu'à y jeter la semence. La moitié de la besogne est faite, et vous croyez que cela est peu de chose ?

Et puis, que voulez-vous y faire? Nous sommes les fils légitimes des Romains et des Grecs. Nous vivons depuis des siècles sur leur littérature, sur leurs souvenirs, sur leur histoire! Nous connaissons leurs mœurs, comme nous connaissons les mœurs de nos voisins de la rue ci-contre, et la plupart de leurs mots sont pour nous devenus proverbes! Lancez dans un salon un jeune homme qui n'aura pas reçu l'éducation classique, et je dis un jeune homme fort intelligent du reste et fort instruit, et vous verrez quel sera bientôt son embarras! Il aura peine à comprendre le langage qui se parlera autour de lui! A tout moment il se heurtera aux murs de Rome ou d'Athènes.

— L'opposition, quoiqu'en petit nombre, dira devant lui un homme politique, veut soutenir glorieusement la lutte contre le ministère dans la prochaine discussion; mais je crains bien qu'elle ne trouve là *son passage des Thermopyles.*

Et le pauvre jeune homme ouvrira de grands yeux.

— L'un de nos collègues de l'Académie des sciences morales, dira un savant, vient de refuser une place que lui offrait le gouvernement. Il veut singer Diogène dans son tonneau.

Et le pauvre jeune homme ouvrira des yeux plus grands encore.

Il faudrait écrire un vocabulaire entier, si l'on voulait consigner ici toutes les expressions, tous les dictons de notre langue qui seront inintelligibles pour l'homme qui n'aura point eu commerce avec les muses grecque et latine.

On m'objectera que c'est là une considération puérile. J'accorderai cela, quoique je sois loin d'en être convaincu ; mais je répondrai qu'à tout prendre, comme au milieu de la société actuelle nous ne vivons en général que pour des puérilités et par des puérilités, il serait maladroit d'en négliger une, lorsqu'on respecte toutes les autres.

Avec l'éducation positive, spéciale, mathématique et rectiligne que certains caractères mal faits préconisent dans ce moment à la tribune et autre part encore, vous pourrez nous donner des constructeurs de chemins de fer et des entrepreneurs de ballons-postes, mais vous nous fournirez très peu d'hommes du monde.

Eh ! mon Dieu ! cet esprit là, qui a été notre gloire autrefois, s'en va assez vite en France, sans que nous prenions encore plaisir à diminuer son empire. Je sais bien que Voiture, Scarron, Ninon de l'Enclos, Grimm, d'Holba h, ma n'ont pas inventé les machines à vapeur, mais, foi ! ils nous les ont fait attendre bien patiemment.

C'est surtout pour l'homme qui se destine à la carrière littéraire, que les études classiques sont un ustensile pour ainsi dire indispensable. Sans leur secours, on marche dans les ténèbres, on trébuche à chaque pas. Comment connaître les ressources et le mécanisme de notre langue, si l'on n'a pas sondé les mystères des langues dont elle a été formée? Et puis, où aurait-on pu apprendre à mettre de l'ordre dans ses idées, à les exprimer avec grâce, à leur donner de la suite, à combiner une action, à la développer, à la parer des ornements du style, si ce n'est dans la compagnie de Quintilien, d'Anacréon, d'Horace, d'Eschyle, de Térence, de Virgile et d'Homère! O les grands! ô les nobles maîtres! Comment oser écrire les premiers mots de son œuvre, si l'on ne sort pas de leurs bras, si l'on n'est pas encore tout plein de leurs leçons. Quelques écrivains des plus illustres de notre temps, et de ceux que j'admire le plus, ont laissé dire et laissé écrire qu'ils n'avaient jamais goûté des eaux de la fontaine classique, et que leur talent avait pu se passer des inspirations du passé; ne devrait-on pas voir dans le soin qu'ils mettent à renier l'antiquité une preuve des emprunts qu'ils lui ont faits?

Victor, une fois bien installé dans son petit ménage, se mit à travailler d'*arrache-pied*, comme on dit au collége. Il ne *piochait* pas avec plus de rage deux ans auparavant, lorsqu'il était encore sur les bancs de la classe, et qu'il s'agissait de disputer le prix d'honneur à des rivaux acharnés.

Mais, dès l'abord, il commit la même faute que tous les jeunes gens qui commencent à travailler pour le théâtre. Il s'imagina qu'avant d'être maître, il fallait être élève, et qu'un élève devait débuter sur les petites scènes avant de monter sur les grandes.

Mais il ne savait pas que les avenues des petites scènes sont plus encombrées que celles des grandes. Dans notre siècle d'industrialisme, la spéculation est partout. Comme l'argent donne les honneurs et la considération, tout le monde veut avoir de l'argent. Les littérateurs n'ont pas échappé à la contagion, et c'est au théâtre surtout que cette peste, — l'amour de l'or et des billets de banque — a fait d'effrayants progrès.

Un vaudeville rapporte autant et plus d'argent qu'une tragédie, et l'on fait dix vaudevilles pendant que l'on fait une tragédie. De là vient que des hommes très capables de faire des tragédies passables, mais aussi très amoureux de faire fortune, laissent là le Théâtre-Français pour exploiter les Variétés, le Palais-Royal et le Vaudeville. L'un d'eux, homme d'esprit et de talent, n'a déserté le culte des faux dieux, n'a renoncé aux grelots de la folie, n'est revenu à la muse classique et à l'Académie, qu'après avoir fait bâtir un hôtel très confortable avec le produit de ses flons flons. Il y a cent à parier contre un qu'il ne serait jamais devenu propriétaire, s'il avait toujours aligné des hémistiches pour MM. les sociétaires de la Comédie-Française.

Voilà déjà une rude concurrence pour les débutants. Ajoutez à cela qu'à la suite des hommes d'un esprit véritable qui tiennent, pour ainsi dire, le théâtre à ferme, et ne résilient le bail qu'après qu'ils ont fait fortune, viennent les hommes sans talent qui ont pris cette profession-là comme ils en auraient pris une autre, et qui vivent de la scène à peu près comme les pauvres vivaient autrefois des aumônes des couvents.

Tous ces auteurs forment une phalange serrée qu'il est très difficile de percer pour parvenir jusqu'au cabinet du directeur. Les faméliques ne sont pas les moins accapareurs et les moins exclusifs de la bande. Ils se donnent la main pour barrer le passage à tout nouveau venu. Il est certains théâtres qu'ils s'approprient par suite de leurs intelligences avec la direction, et autour duquel ils tracent une sorte de cordon sanitaire. Enfin, ils forment comme une association secrète, une coterie dominatrice qui frappe d'ostracisme les auteurs débutants, les auteurs qui ne travaillent pas seulement pour le théâtre, les auteurs romanciers, les auteurs journalistes. Ces messieurs défendent leur position ; mais il serait plus honorable de la défendre par son talent que de la défendre par des intrigues.

Vous comprenez très bien qu'un débutant est souvent réduit à se briser la tête contre cette muraille de Chine ; cependant il y a quelques heureux, quelques intrépides qui la franchissent. Ces cas sont rares, pourtant cela s'est vu, cela se voit encore tous les jours. Lorsqu'il y a cinq ans je vis, quoique débutant, quoique journaliste, ma première pièce jouée sur le théâtre du Palais-Royal, personne n'en fut plus étonné que moi-même.

Si les jeunes gens d'un talent véritable qui se destinent à la carrière dramatique consultaient bien leurs intérêts, ils n'éparpilleraient pas leurs facultés et leurs ressources. Ils ne dépenseraient pas les premiers élans de leur verve à produire des œuvres légères et qui n'ont pas d'avenir. Ils porteraient un grand coup. Ils aborderaient sur-le-champ le Théâtre-Français. Là, malgré la juste influence que conservent des écrivains célèbres et qui ont fait leurs preuves, une œuvre qui n'aura pas toutes les qualités du métier, mais qui brillera d'un certain mérite littéraire, aura chance de trouver grâce devant l'aréopage comique. Là, la carrière est plus libre; comme nous l'avons dit, les gens d'esprit l'abandonnent par spéculation, les écrivains médiocres par impuissance. Les demandes de lectures de la part d'auteurs nouveaux sont assez rares, pour que celui qui se présente ne reçoive pas un accueil défavorable. Toute balance faite, il y a donc, lorsqu'on apporte un ouvrage consciencieux, trois fois plus de chances d'être reçu au Théâtre-Français que partout ailleurs!

Et voyez quelle différence, si le comité et le public se réunissent pour faire à votre œuvre une réception favorable! Dès ce moment la presse s'occupe de vous; vous êtes admis dans le cénacle; votre nom devient un nom d'affiche; les portes des théâtres subalternes s'ouvrent d'elles-mêmes pour vous. La coterie n'ose plus vous traiter en paria, en inconnu; elle courbe la tête. Je pourrais citer quelques-uns de nos auteurs qui ont ainsi commencé, et qui ont aujourd'hui une position dans nos théâtres de second ordre. Je dois ajouter qu'ils brillent entre leurs confrères par l'allure littéraire de leur esprit, l'originalité de leurs inventions, la verve ingénieuse de leurs intrigues et la correction de leur style. L'auteur dramatique perce sous le vaudevilliste.

Ceux qui persistent à se loger d'abord dans les régions inférieures du théâtre, échouent, non pas tous, mais presque tous. Cette carrière n'est pas aussi inabordable qu'on veut bien le dire en certains lieux; mais il faut, pour s'y faire une existence, beaucoup de persévérance, de courage, et un peu de fortune. Les commencements sont si rudes, si ingrats, si peu productifs, que si l'on n'avait pas de quoi acheter du pain, on risquerait d'en manquer souvent. Or, parmi les aspirants, les uns se rebutent, les autres n'ont pas les ressources nécessaires pour attendre les beaux jours. Ils sont pris par la famine. Elle les ramène vers des occupations qu'ils n'auraient pas dû quitter; ou, toutes les portes s'étant refermées sur eux, elle les oblige à certains travaux de plume qu'on peut appeler les galères des gens d'intelligence. La plupart des écrivains qui récoltent aujourd'hui les plus belles moissons sur le terrain du vaudeville, ont commencé le métier avec quelques rentes au grand livre ou quelques biens au soleil. Rien ne donne plus d'indépendance et de patience.

Victor tomba dans l'erreur commune. Il fit un vaudeville.

Son vaudeville était lâchement intrigué, très bien écrit, assez fourni en gentils couplets mal placés ; il ne manquait ni de son niais, ni de sa Lisette, ni de sa femme de notaire, ni de son officier de dragons, ni de son mari berné, et contenait assez de matière pour qu'on pût y couper trois ou quatre pièces de bonne dimension. Enfin, c'était le vaudeville de tous les commençants, mais un vaudeville assez distingué. Un faiseur aurait pu en tirer un très bon parti, et même plusieurs très bons partis. Cela ressemblait à quelques-unes de ces comédies froides, propres et longuettes, que le Théâtre-Français nous donne de temps en temps pour prouver qu'il joue tout le monde. On remarquait dans tout le cours de l'ouvrage des mérites de style et une fraîcheur de détails qui ne se rencontrent pas ordinairement dans ces productions éphémères en un acte, destinées à briller un instant devant la rampe d'un petit théâtre et à mourir le lendemain, ou à servir de *lever de rideau*, ce qui revient absolument au même. Victor aurait bien pu tirer de son bissac une intrigue plus vigoureuse et plus *trouvée*, mais il s'était imaginé qu'un vaudeville est une œuvre d'une nature toute spéciale, qui veut des ingrédients propres. Et les ingrédients du sien, il les avait demandés au répertoire de M. Scribe ; il avait écrit les yeux fixés sur M. Scribe. L'imitation de M. Scribe a perdu bien de nos débutants.

Victor fit copier bien proprement et bien lisiblement son chef-d'œuvre par une main exercée, car son écriture de collége, rompue aux pensums et aux cahiers de corrigé, était bien la plus détestable qui se put voir. Puis il roula proprement le manuscrit et le noua avec une faveur rose. Puis il écrivit très sérieusement et très naïvement la lettre suivante :

« Monsieur le directeur,

« Un jeune homme qui veut se consacrer à la glorieuse carrière du théâtre, s'adresse avec confiance à vous. Il vous envoie sa première œuvre, fruit d'une grande inexpérience, mais dans laquelle votre bienveillance voudra peut-être découvrir quelque germe d'un avenir heureux. Le jour où par votre protection, monsieur le directeur, mon ouvrage subira l'épreuve de la scène, sera le plus beau jour de ma vie, et mon cœur vous gardera une reconnaissance éternelle.

« Victor DESTAILLIS. »

Rue Saint-Hyacinthe-Saint-Michel, 3.

Victor porta le manuscrit et la lettre chez le concierge du théâtre de ***.

A son air gauche et embarrassé, le concierge vit bien qu'il n'était pas un des habitués des coulisses; et puis le manuscrit entouré d'une faveur rose avait été une révélation pour lui.

— Qu'est-ce que c'est que ça, demanda-t-il assez brutalement en roulant le manuscrit entre ses doigts.

— C'est un manuscrit que je veux soumettre à M. le directeur.

— Ah! ah!... revenez dans huit jours, vous trouverez la réponse.

En prononçant ces paroles, le concierge avait

un certain air narquois qui n'aurait pas échappé à un coup-d'œil plus expérimenté que celui de Victor ; mais il était dans les nuages.

Que ces huit jours furent lents à passer ! Victor ne dormait pas, il avait la fièvre, et dans certains moments où il donnait cours à ses espérances, il se voyait accueilli avec bonté par un directeur à cheveux blancs et à figure respectable, qui lui déclarait qu'il aimait à protéger la jeunesse studieuse, que son ouvrage avait bien quelques défauts de conformation, mais très faciles à corriger, et qu'il serait représenté au premier jour sur la scène du théâtre de***. Et alors il sautait dans la chambre et battait des mains comme un fou.

Le pauvre Victor, dans sa naïveté, prenait les directeurs pour des Mécènes institués par le gouvernement à cette fin de protéger la littérature ; il ignorait que ce sont de véritables marchands qui exploitent une entreprise à leurs risques et périls, et qui sont bien maîtres d'agir comme ils l'entendent, puisque c'est leur argent qui est en jeu. Plusieurs sont ridicules, plusieurs absurdes, presque tous routiniers. C'est vrai. Mais avez-vous donc droit de les reprendre? Est-ce le budget de l'État qui fait face à leurs fins de mois et qui paie les dépenses des nouveautés qu'ils montent? Non. Laissez-les donc faire. Ils sont maîtres chez eux. S'ils réussissent, le succès les absout. Si leur manière de procéder est mauvaise, si leurs calculs sont faux, la faillite se charge de les punir. La faillite est la leçon des commerçants; la faillite est la révolution de juillet de ces despotes de l'époque actuelle.

Au jour indiqué, Victor impatient se promenait dès six heures du matin dans le quartier du théâtre de ***; à huit heures il monta l'escalier du théâtre; le cœur lui battait bien fort! Le concierge sortait à peine du lit, et n'avait pas encore eu le temps de secouer les vapeurs de la nuit. Il ne daigna pas même s'informer auprès de Victor, qu'il ne reconnaissait pas, du motif de sa visite, et lui dit du fond de sa loge, plongée encore dans un clair-obscur très-voluptueux, que l'on ne venait parler affaires au theâtre de * * * qu'après dix heures du matin.

Et au fait, quelle insolence! Déranger le concierge du théâtre de * * *, avant qu'il ait pris son café, lu ses journaux et appris les cancans de la veille, par la bouche des dames de chœur qui viennent matin et soir tenir cercle dans son humble réduit.

Victor alla se promener à grands pas sur les boulevards, puis il revint à dix heures au théâtre de ***.

— Qu'est-ce que vous voulez, lui dit le concierge...

— C'est pour le manuscrit... vous savez... le manuscrit avec une faveur rose... il y a huit jours...

— Ah! ah! très bien... fit le Cerbère en comprimant à peine un sourire qui venait méchamment déborder sur ses lèvres.

Il alla au fond de sa loge, fourra la main derrière sa fontaine et tira de cette niche le manuscrit jadis pur et sans tache du malheureux Victor.

— Voilà votre manuscrit, monsieur...

— Qu'est-ce que cela signifie?

— Cela signifie qu'on vous rend votre manuscrit...

— Et pas un mot de M. le directeur...

— M. le directeur n'a pas pu le lire... M. le directeur à la grippe depuis trois mois et il l'aura encore pendant six au moins.

Cela dit assez peu gracieusement, il ferma la porte de sa loge.

Victor s'en alla fort triste. Mais il n'était pas homme à se décourager pour si peu.

Il adressa son manuscrit et sa lettre (voir ci-dessus) à un autre directeur. Celui-là était assez consciencieux. Il voulait prendre connaissance de tous les ouvrages d'auteurs connus ou inconnus qui étaient soumis à son administration. Mais comme il aimait à jouir des quarante mille livres de rente qu'il avait gagnées, et qu'il se plaisait aux voyages lointains, aux repas nocturnes, au *far niente* et aux séjours de campagne, il laissait ordinairement cette besogne assez ennuyeuse à un employé de son théâtre, qui était auteur lui-même et qui ne voyait pas sans jalousie que l'on allât sur ses brisées. Cet employé ne manquait jamais d'écrire sur tous les manuscrits qu'on lui envoyait à lire : *très faible* — et le maître avait foi en sa parole.

Malheureusement l'ouvrage de Victor tomba entre les mains de cet aristarque impitoyable. Il était jugé d'avance. Il ne fut probablement pas même lu. Notre jeune homme reçut bientôt une lettre fort laconique ; elle était ainsi conçue :

A M. Victor Destaillis,

Rue Saint-Hyacinthe-Saint-Michel, 5.

Le Directeur du théâtre de ***

« Monsieur,

« Votre manuscrit est à votre disposition « chez le concierge de notre théâtre.

« Agréez l'assurance de toute notre considération.

« Le secrétaire général de l'administration,

« PHILOMÈLE. »

Victor commençait à se fatiguer de n'avoir avec les directeurs que des rapports tout à fait indirects et par l'intermédiaire des concierges. Il résolut, en s'attaquant à un nouveau théâtre, de voir lui-même l'arbitre de ses destinées. Il prit un beau matin son manuscrit et son courage à deux mains, alla au théâtre de ***, passa fièrement devant le portier des coulisses, qui dans ce moment était sans doute trop occupé pour songer à l'arrêter et pénétra jusqu'au cabinet du directeur. Le directeur ne s'y trouvait pas pour le moment. Mais sa place était occupée par le secrétaire de l'administration qui lisait le feuilleton du lundi du *Journal des Débats.*

— Monsieur, lui dit Victor, voici un manuscrit...

— Ah! bon... nous l'attendions pour faire copier les rôles... Il faut que nous répétions dans trois jours...

— Répéter dans trois jours, fit le jeune homme en ouvrant de grands yeux...

— C'est de la part de M. Bayard... n'est-ce

pas... vous êtes, je crois, son secrétaire?...

— Non, monsieur...

— C'est alors le vaudeville en trois actes de M. Mélesville...

— Non, monsieur...

— Qu'est-ce donc?

— C'est un ouvrage que je viens soumettre à M. le directeur du théâtre...

— Ah! ah!... et comment vous nommez-vous?

— Victor Destaillis...

— Victor Destaillis... diable... diable... vous êtes donc journaliste?

— Non... monsieur...

— Ou fils d'actionnaire?

— Non... monsieur...

— Ou attaché aux bureaux de M. le préfet de police?

— Non... monsieur...

— Diable! diable...

— Je suis un débutant dans la carrière... je serais heureux de faire un premier pas sur votre scène et je demande toute votre indulgence.

Le secrétaire général qui était un bon homme, tout à fait inoffensif, mais qui avait été élevé dans le respect le plus sacré pour toutes les habitudes de la vie des coulisses, regardait Victor avec beaucoup d'étonnement. Sa position commençait même à devenir assez embarrassante. Mais en vieux renard qu'il était, il ne se démonta pas et dit avec le plus grand sang-froid du monde :

— M. Victor Destaillis, nous examinerons votre premier ouvrage avec notre conscience ordinaire et nous vous affirmons que nous serions heureux de pouvoir donner un desservant de plus au culte des Muses de la scène française.

Le secrétaire général ne manquait pas d'esprit et savait, quand il le fallait, trouver le petit mot pour rire.

Quand il eût congédié Victor, il descendit derrière lui jusqu'à la loge du concierge, et lava bien la tête à celui-ci pour avoir laissé parvenir jusqu'au cabinet directorial un visage inconnu.

Quant à Victor, les paroles du secrétaire général furent pour son cœur un baume rafraîchissant. Il les répéta à Thérèse, qui bénit cet homme généreux dont les bras s'étaient ouverts à l'innocence et à la jeunesse.

Trois jours après Victor reçut une lettre ainsi conçue :

A M. Victor Destaillis
Rue Saint-Hyacinthe-Saint-Michel, 3.

Le Directeur du théâtre de ***

« Monsieur,

« Votre pièce est pleine d'esprit, de gaîté et
« de détails heureux. Mais nous en avons déjà
« dans nos cartons vingt-trois sur le même
« sujet.

« Agréez l'assurance de notre considération.

« Le secrétaire général,

« POUPINARD. »

Victor était d'une nature travailleuse et modeste. Il crut que tous ces refus n'avaient pas d'autre motif que la faiblesse même de son œuvre, et que tous ces compliments qu'on lui accordait si bénévolement n'étaient qu'une fiche de consolation donnée à sa médiocrité. Alors il eut un mouvement sublime! Je dis sublime, car d'ordinaire les pères adorent leurs enfants, même lorsque ces enfants ne sont que trente pages de papier blanc barbouillées de noir. Victor fut aussi beau et aussi énergique que Brutus. Il saisit son manuscrit et le jeta au feu!

Oh ! qu'il se serait soigneusement défendu d'un mouvement aussi brutal, s'il avait eu la moindre conscience des choses du théâtre? Est-ce qu'un homme de sens jette jamais un manuscrit au feu? Est-ce qu'un manuscrit ne trouve pas toujours sa place dans l'avenir? Quand un auteur dramatique voit son ouvrage refusé de toutes parts (et les plus gros peuvent éprouver cette contrariété), il le classe parmi ses *ours*. On appelle *ours* tous ces ouvrages refusés jadis et qui grognent au fond des cartons de leur père, attendant l'occasion de se lancer au grand jour. Les occasions ne sont pas rares : ici un nouveau théâtre s'ouvre, là une actrice est engagée tout-à-coup et n'a pas de rôle de début, là un auteur se brouille avec l'administration, retire sa pièce qui était en pleine répétition et laisse le directeur dans l'embarras. Alors l'*ours* paraît, conduit en laisse par son propriétaire. Il fait le gentil, il minaude, il fredonne des couplets et dessine des situations. Il est accueilli comme un sauveur ! Le public ne se montre pas toujours aussi enthousiaste de ses mérites.

Je connaîs un auteur, et des plus distingués, qui était si bien né pour le théâtre, qu'il avait deviné, même dans le temps où il luttait contre les premières difficultés du métier, l'utilité et le grand avenir des ours. Loin de jeter au feu ses manuscrits refusés, il en faisait collection. Au moment où il vit sa première pièce jouée, il avait soixante-seize *ours* en magasin, ou plutôt en ménagerie. Ah ! combien il se félicita plus tard d'avoir eu cette précaution. Il avait le pied dans l'étrier; il pouvait à son tour faire quelquefois la loi aux directeurs. En moins de six ans, il plaça ses soixante-seize *ours* les uns après les autres. Et à mesure qu'il voyait l'un d'entre eux paraître à son tour sur la scène, il chantait entre ses dents :

Beaux *ours* de notre enfance,
Vous voilà, vous voilà revenus.

Avec le produit de ses soixante-seize *ours*, il s'est constitué une petite rente de deux mille francs sur le Grand-Livre. C'est un homme de beaucoup d'ordre et d'économie.

Un autre auteur plus jeune et qui a déjà plus de cinquante pièces de pacotille sur les théâtres d'un ordre très inférieur, sans que son nom soit plus connu dans la littérature que celui de votre perruquier ou de votre tailleur, a poussé l'industrialisme jusqu'à appliquer le système des *ours*, non seulement aux pièces entières, mais même aux scènes, aux couplets, aux simples réparties. Quand pendant la répétition de l'une de ses pièces, une scène est coupée, un couplet est mis de côté, il se garde bien de perdre ce couplet, cette scène; il les ramasse et les rapporte chez lui. Là, dans un cabinet de travail mystérieux et sombre, vous pourrez voir un grand casier chargé de cartons; — approchez-vous, lisez les étiquettes : — *scène de malédiction*, — *scène de reconnaissance*, — *scène d'amour pur*, — *scène d'amour égrillard*; — et plus loin : — *couplets patriotiques*, — *couplets de facture*, — *couplets de table*, — *couplets de situation*, — *morceaux de sortie*. — Vous comprenez maintenant pourquoi notre auteur ramasse ses balayures à la répétion. Lorsqu'il se met à composer un chef-d'œuvre nouveau, il se place devant ses casiers et tire tel ou tel carton, suivant que le besoin s'en fait sentir. Ici il prend une *scène de malédiction*, là une *scène d'amour égrillard*; ici un *couplet patriotique*, là un *morceau de sortie*. De cette façon, les pièces sont bientôt bâclées et peuvent se faire à l'entreprise! — Notre homme a un petit calepin sur lequel il enregistre tous les bons mots, tous les calembourgs qu'il entend, et de retour au logis cela trouve sa place dans le grand casier, et plus tard dans le répertoire courant. — Étonnez-vous donc que ce jeune et intéressant auteur livre le lendemain une pièce qu'on lui a commandée la veille. On m'a affirmé qu'un jour, non-seulement il livra le lendemain la pièce, mais encore la musique des couplets qu'il avait faits, mais encore les rôles qu'il avait copiés, mais encore les bulletins de la première répétition qu'il avait préparés. Ce garçon-là doit aller loin! Il a appliqué la vapeur à la marche de la littérature dramatique. C'est le Fulton du théâtre.

Victor se remit à l'œuvre avec ardeur; Thérèse était toujours à ses côtés, lui prodiguant les consolations et les encouragements. Il y a dans les femmes un sentiment généreux qui les porte à s'associer avec ardeur à toutes les entreprises nobles et élevées. Tout ce qui est grand, tout ce qui a un but extraordinaire, les séduit et les entraîne. Thérèse avait accueilli le projet de Victor avec joie, avec orgueil, avec une sorte d'enthousiasme. Elle s'y était adonnée de toute la puissance de son âme. Elle se sentait relevée dans les efforts de l'homme qu'elle aimait. Elle regardait son succès comme étant le sien, et elle aurait donné vingt ans de son existence pour le voir au milieu de la gloire qu'elle avait rêvée pour lui.

Il y avait alors de par le monde un directeur de théâtre qui professait des opinions très avancées. Victor l'avait quelquefois rencontré dans une société politique où il avait été entraîné par son admiration pour les Grecs et pour les Romains. Il s'en souvint et alla droit à lui, son nouveau manuscrit à la main. Le directeur, pris au dépourvu, ne put s'empêcher de lui accorder lecture. Victor était aux anges ; c'était pour lui une véritable bonne fortune. Il avait enfin fait ce premier pas dans la carrière ! Il lisait à un directeur ! — Aussi quelle chaleur et quel art il y mit ! Comme il nuançait son débit ! Comme il jetait son dialogue ! de temps en temps il tournait les yeux du côté de l'impressario pour voir quel effet l'ouvrage produisait sur lui. Celui-ci pensait bien à autre chose, ma foi ! qu'au vaudeville de Victor. Il se creusait le cerveau pour trouver les moyens de se débarrasser de lui ; car avant d'être d'opinions politiques avancées, avant d'être bon garçon, avant d'être jeune, il était directeur, auteur et homme de coulisses. Cependant la position était très difficile pour lui ; il avait mainte fois affiché la plus ardente sympathie pour la jeunesse, pour les efforts de la jeunesse, pour les tendances de la jeunesse ; il avait parlé en public contre le monopole des idées et l'étouffement des intelligences. Il fallait mettre d'acord ses principes et sa conduite. Il y avait vraiment de quoi se creuser le cerveau. Il promena pendant quelques minutes un coup-d'œil scrutateur sur la physionomie candide de Victor, puis se frappa tout-à-coup le front. Il avait trouvé son affaire ! Victor crut qu'il avait été impressionné par un passage de sa pièce, et une aimable rougeur, indice de la modestie aux abois, vint colorer son visage.

Il avait fini de lire, que le directeur était encore plongé dans ses réflexions. Il parut n'en sortir qu'avec peine, prit une physionomie sombre et chagrine, et s'écria, sur le ton de la douleur la plus sincère :

— Mon jeune ami, si je ne connaissais bien vos principes, si je ne savais au milieu de quels hommes vous vivez, si je n'étais sûr de vous enfin, je vous assure qu'après vous avoir écouté, il meserait permis de croire que j'ai affaire à un ennemi de notre immortelle révolution de 89, et de tous les droits qui en découlent...

— Comment ! fit Victor étonné.

Remarquez bien que dans sa pièce qui avait pour titre, *la Ferme et le Château*, il était tout bonnement question d'un mariage à conclure entre la fille d'un gros paysan très riche et le fils d'un châtelain du voisinage qui était complètement ruiné. Ce fils, élégant raffiné, croyait avoir affaire à quelque lourdaude de village et refusait de se sacrifier. La jeune personne, qui avait reçu dans le premier pensionnat de Paris une éducation des plus distinguées, se moquait agréablement de lui, — d'abord en se présentant à ses yeux sous le costume de paysanne, en parlant patois, en affectant des manières niaises et grossières, — puis enfin en paraissant avec sa véritable physionomie et en faisant briller tous ses avantages. Le dandy enthousiasmé épousait et la fille du campagnard et ses écus. On voit qu'il n'y avait rien là qui compromît la révolution de 89 et ses principes. Mais le directeur avait de l'esprit et il était homme à se tirer avec adresse d'un pas aussi scabreux.

— Eh quoi ! mon ami... est-il possible ! vous ne voyez pas que cette petite sotte avec son stratagème, — en ridiculisant les paysannes, en faisant parade de son éducation, en laissant croire que si elle avait parlé patois elle n'eût pas été digne d'épouser le fils d'un hobereau, nous recule de soixante ans et met en doute l'immortel principe de l'égalité des droits !

— L'égalité des droits !

— Oui... mon ami... oui... je sais que telle n'a pas été votre intention... je vous rends trop bien justice pour cela... Mais, ô jeune homme, lorsque vous aurez plus d'expérience du métier, vous comprendrez combien c'est chose délicate que de parler aux masses... combien il faut prendre garde, par le moindre trait mal dirigé, par la moindre allusion portant à faux, de corrompre leur moral, de pervertir leur jugement ! Le public est un dépôt qui nous est confié à nous autres directeurs, et que nous devons rendre pur et intact à la patrie ! Ah ! jeune homme, ne détruisons pas l'œuvre de nos pères... Ne portons pas une main impie sur l'impérissable monument qu'ils ont fondé !.. Ah ! 89 !.. Ah ! la Constituante ! ah ! Bailly !.. Et la nuit du 4 août !! Jeune homme, s'écria-t-il enfin, ne trouvant plus de grands mots et s'échauffant de plus en plus, jeune homme, si j'étais à votre place, je mettrais en pièces ce manuscrit et j'en ferais un sacrifice sur l'autel de mes convictions.

Ma foi ! Victor qui avait pris feu à son tour

à un foyer aussi ardent, Victor dont toutes les idées étaient confonduesel qui ne voulait point du tout passer pour un contre-révolutionnaire, Victor prit son manuscrit à deux mains, et, dans un moment d'enthousiasme, le déchira en mille morceaux. Je crois même qu'il le foula un peu aux pieds.

Le directeur le pressa dans ses bras en versant des larmes et le poussa hors de chez lui, sans avoir la force de prononcer une parole.

Le soir il soupa avec un de ses collaborateurs qui n'avait pas d'opinion du tout, et lui raconta l'anecdote. Ils en firent tous les deux des gorges-chaudes.

Victor était tout fier de ce qu'il venait de faire. Cependant au fond du cœur il ne pouvait s'empêcher de regretter sa pièce.

Quand il dit à Thérèse ce qui lui était arrivé, celle-ci se mit en colère et contre lui, et contre le directeur. Elle aimait beaucoup la *Ferme et le Château*, et regrettait cette jeune fille qui, tour à tour paysanne et grande dame, trompe si gentiment ce beau monsieur. Elle ne comprenait pas que la politique eût quelque chose à voir dans cette historiette, et soupçonnait, sans oser le dire tout haut, que Victor avait été victime de quelque mystification. Les femmes ont un instinct qui ne les trompe pas. On les dupe moins facilement que nous.

Au bout d'un mois de travail opiniâtre, Victor était à la tête de son troisième vaudeville ; — l'idée en était fort jolie. Une espèce d'ours de province tombait au milieu d'un ménage parisien, dont il troublait la bonne harmonie par ses maladresses et son ignorance des usages. Il s'étonnait que monsieur allât seul à l'Opéra dans une petite baignoire d'avant-scène ; il s'étonnait de rencontrer madame au bois avec un ami du mari ; il faisait ses observations en plein salon; il disait tout haut ce que tout le monde, ce que les époux eux-mêmes savaient tout bas, mais ne se confiaient pas par esprit de convenance : il embarrassait, il gênait, il opposait sans cesse Paris à la province. Enfin on était obligé de congédier cet *ami ter-*

rible et de le renvoyer à ses moutons. Mais il ne s'en allait pas sans consolation ; comme il était après tout bon garçon, assez spirituel, très franc, vert encore et de bonne compagnie, il emmenait avec lui une jeune personne de la maison, nièce, belle-sœur ou cousine, qu'il était venu épouser, qui voulait un mari pour elle, comme elle voulait être toute à lui, et à laquelle le laisser-aller et la vie à part des ménages de Paris ne plaisaient nullement.

Thérèse ne ressentait pas une inclination aussi vive pour cette jeune personne-là que pour la petite paysanne de tantôt ; mais elle devait pourtant plaire davantage à des gens d'un goût plus exercé, ou si vous voulez plus blasé sur les émotions scéniques.

Victor s'adressa cette fois au directeur du théâtre même où jouaient Cécile et la piquante Amélie de Saint-Brice.

Ce directeur était un singulier homme. Il avait peur de tout — même de son ombre : d'un caractère craintif et soupçonneux, il avait fait son chemin dans les souterrains et dans les caves ; — tantôt régisseur, — tantôt secrétaire de l'administration, — tantôt homme de confiance de l'*impressario*; — tremblant devant tous, — ayant tout le monde pour maître, — jusqu'à ce qu'un hasard le portât un beau jour au gouvernail.

L'Empire ne le changea pas. Il craignait avant tout de se faire des ennemis ; il en voyait partout. Il redoutait les journaux, les bavardages, les auteurs, les acteurs et jusqu'à son concierge! il saluait tout le monde jusqu'à terre et souriait aux passants. En Corse cet homme-là n'aurait pas porté de chapeau.

Pour se soustraire aux animosités qu'il aurait pu exciter contre sa personne, il n'avait pas voulu prendre sur lui le refus ou la réception des pièces ; il avait constitué un comité composé d'un actionnaire du théâtre et de son régisseur-général. L'actionnaire était un homme incapable, — ancien marchand de plâtre retiré du commerce, — et qui dormait ordinairement pendant tout le temps de la lecture. Le régisseur-général ne voyait que par les yeux de son chef de file. C'est dans l'ordre.

Un comité ainsi composé était l'instrument aveugle de notre directeur, qui rejetait sur lui tout l'odieux des refus, tandis qu'il accaparait à son profit la reconnaissance que faisaient naître les réceptions.

Comme les lectures étaient demandées directement au directeur et à lui seul, il est facile de concevoir qu'elles n'étaient jamais repoussées. Cela ne tirait pas à conséquence, puisque le comité était là pour les refus. Et le directeur aimait mieux se fatiguer davantage en assistant à une grande quantité de lectures, que déposer dans quelque cœur bilieux un germe d'hostilité. Il avait toujours ce mot dans la bouche : « N'oublions pas qu'un jour le moucheron contraria vivement le roi des animaux. »

Victor est donc devant le comité. L'ex-marchand de plâtre dort, le régisseur fait le devis des dépenses d'ou ouvrage nouveau, le directeur seul écoute. Après la lecture, il fait à Victor un petit salut agréable et le congédie très poliment en lui disant qu'il recevra à domicile notification de la décision du comité.

Le lendemain Victor reçut la lettre suivante :

A Monsieur Victor Destaillis

Rue Saint-Hyacinthe Saint-Michel, 5.

Le Directeur du théâtre de ***.

« Monsieur,

« J'ai le regret de vous annoncer que le co-
« mité, à la majorité de deux voix contre une,
« a conclu au rejet de votre ouvrage, qu'il n'a
« pas jugé susceptible d'être joué dans l'état où
« il est. Seul j'ai voté pour l'adoption. Il y a
« quelque chose dans votre vaudeville, et pour
« vous prouver toute la sympathie que vous
« m'avez inspirée, j'ai remis votre manuscrit
« à M. Vulpinien, l'un des auteurs les plus
« féconds de notre théâtre, qui trouvera peut-
« être moyen d'utiliser le sujet et quelques dé-
« tails. Allez le voir, Monsieur, et croyez bien à

« tout l'intérêt que je prends à vos succès fu-
« turs.

« Agréez l'assurance de ma considération.

« DESRENARDS, *directeur.* »

Hâtons-nous de le dire;—malgré sa préoccupation habituelle d'esprit, M. Desrenards n'aurait pas traité Victor avec cette bienveillance extrême, et se serait borné à la simple politesse dans le refus, — s'il avait su qu'il était sans appui, sans protection, sans fortune. Mais il y avait eu ici un quiproquo assez heureux pour notre héros. M. Desrenards avait reçu avis qu'un jeune homme, neveu de l'un des employés supérieurs de l'administration des Beaux-Arts, devait venir lui présenter une pièce, et il avait pris Victor pour lui.

Victor se rendit le lendemain matin chez le grand, l'illustre Vulpinien! Celui-ci lui fit beaucoup d'accueil et l'engagea à revenir sous peu, en lui disant qu'il allait prendre connaissance de sa pièce.

— Enfin, se dit Victor en sortant de chez Vulpinien... je suis donc arrivé au port... j'ai trouvé là un patronage puissant et, grâce à lui, je pourrai bientôt voler de mes propres ailes.

Huit jours après Victor retourna chez Vulpinien. Ce n'était plus du tout le même homme; son accueil était glacial, sa tenue compassée.

C'est que dans l'intervalle, l'erreur avait été découverte !

— Monsieur, dit Vulpinien à Victor, j'ai lu votre pièce ; elle révèle beaucoup d'inexpérience...... c'est long, c'est traînant. Il faut que l'action d'un vaudeville soit *enlevée*, et que l'intérêt ne languisse pas un seul instant. De la charpente, morbleu, de la charpente, et le moins possible de dialogue. Toute la pièce est dans le *scenario*, vous ignorez cela... et puis vous ne savez ni faire entrer, ni faire sortir vos personnages. La *planche* vous est tout-à-fait étrangère...

— Je le sais, Monsieur... mais avec des conseils...

— Oui... certainement... une autre fois...

— Comment... une autre fois?...

— Ah! c'est que j'ai une nouvelle très fâcheuse à vous annoncer...

— Laquelle donc, Monsieur?...

— Le sujet que vous avez traité l'avait été aussi par moi il y a plus de huit mois... la pièce avait été reçue depuis long-temps au théâtre de M. Desrenards... par son prédécesseur... il l'ignorait... je le lui ai appris, il y a quelques jours... elle entre dès demain en répétition...

— Grand Dieu!

— Cela vous étonne? il y a des hasards si prodigieux!... Mon père, Monsieur, faisait des vaudevilles... Certain soir, il donna une nouvelle pièce dans un théâtre, tandis que j'en donnais une nouvelle dans un autre. Le fonds était absolument identique, et beaucoup de situations se ressemblaient; de sorte que j'avais l'air d'avoir volé mon père... et comme je demeurais avec lui... vous comprenez?... c'était fort désagréable... heureusement que de fils à père cela pouvait passer pour une espièglerie.

— Il me semble cependant, Monsieur, que mon sujet était...

— Neuf, n'est-ce pas? Eh mon Dieu! tout paraît neuf au premier abord! il n'y a rien qui ressemble au neuf comme le vieux... c'est surtout en matière de théâtre que cet effet d'optique se renouvelle souvent. Tenez... il y a quelque jours, le directeur du théâtre de la*** nous commanda, à deux de mes collaborateurs et à moi, une grande pièce pour sa réouverture... nous nous réunissons pour nous entendre sur le sujet... chacun avait le sien... chacun développa son idée à son tour... il se trouva que c'était absolument la même... nous l'avions prise tous les trois dans le même feuilleton... Vous voyez bien, mon cher ami, qu'il n'y a rien de nouveau sous le soleil...

— Alors... j'ai du malheur...

— Du malheur?... eh! mon cher, vous en verrez bien d'autres, si vous persévérez dans la noble carrière... Tenez... lors de mes débuts... je porte un beau matin une idée de pièce à l'un de nos auteurs... il la fait jouer en comédie, en vaudeville, en opéra, en mélodrame et en ballet... puis quand je vais chez lui pour m'entendre au sujet de mes droits d'auteur, il me dit qu'il a égaré mon scenario avant de l'avoir lu.

— Mais c'est du pillage cela, Monsieur.

— Eh! oui... mais que voulez-vous? écoutez-moi, mon jeune ami... vous me paraissez avoir de l'esprit et des idées; mais l'esprit et les idées, ça ne suffit pas... il faut savoir les mettre en œuvre... Avant de faire des pièces, apprenez à les faire, et surtout à les faire jouer... De la charpente, morbleu, de la charpente... et beaucoup de savoir-faire! Tenez... vous m'intéressez, et je veux vous donner une leçon.. venez de samedi en huit à la répétition-générale de ma pièce... vous me demanderez au concierge du théâtre... vous verrez comme on met une idée en scène.. nous avons pour cela, nous autres, un certain *chic* qui ne s'apprend qu'à la longue... Les jeunes gens sont d'une confiance! En tout il y a un apprentissage, Monsieur... A bientôt, mon ami, à bientôt, et vous m'en direz des nouvelles!

Victor s'en alla tout étourdi et sans avoir pu placer un mot.

DEUXIÈME PARTIE

XII

Une répétition.

Victor ne manqua pas au rendez-vous que lui avait donné Vulpinien. Il voulait prendre la leçon qui lui avait été offerte ; il lui semblait curieux de voir quelle différence il pouvait y avoir, l'idée étant donnée, entre son travail et celui d'un homme d'expérience et de métier.

L'auteur le fit placer très commodément à l'orchestre, et lorsqu'il passa devant M. Desrenards, celui-ci lui adressa un salut très profond qu'il accompagna d'un large sourire.

Tout s'organisait pour la répétition-générale. La scène sortait peu à peu de son immobilité ; les deux pompiers de service, qui un instant auparavant l'arpentaient dans toute sa longueur et faisaient résonner leurs pas solitaires dans le silence de toute cette nature factice, avaient pris leur place habituelle du soir entre la première coulisse et le manteau d'arlequin. La rampe commençait à jeter ses feux et à éclairer le fond du théâtre qui, avec ses portants nus, ses cordages et ses charpentes, ressemblait à un vaisseau échoué sur la grève inhospitalière par une froide nuit de novembre.

Le régisseur faisait poser par les machinistes les décors de la pièce nouvelle.

Le garçon d'accessoires préparait le bouquet, les lettres, la bourse pleine de faux louis, le jeu de cartes, ou les flambeaux, — véritable bimbelotterie de la boutique dramatique.

Les musiciens arrivaient peu à peu, accordaient leurs instruments, examinaient cette musique nouvelle qu'ils allaient exécuter ensemble pour la première fois et recevaient les instructions de leur chef.

Le directeur et l'auteur se promenaient bras dessus bras dessous dans le fond du théâtre et semblaient supputer les chances de chute ou de réussite que leur offrait l'ouvrage nouveau.

Victor examinait tout ce tableau avec des yeux avides ; l'originalité dont il était empreint le frappait vivement. Il était sous une espèce de charme, comme tous ceux qui le voient pour la première fois. La sensation qu'il éprouva alors ne saurait trouver d'assimilation que dans celle que l'on éprouverait, si l'on débarquait tout à coup sur une terre inconnue, où l'on aurait sous les yeux des mœurs nouvelles, où l'on entendrait un langage nouveau, mais où tout cela aurait une physionomie vive, animée, pittoresque.

Les acteurs commençaient à se montrer. Polydore était déjà là. Amélie de Saint-Brice y était aussi, accompagnée de la veuve. Victor ne put réprimer un tressaillement de plaisir, lorsqu'il distingua au milieu de ses camarades

Cécile Blouot, à côté de laquelle se tenait sa mère.

Tout le monde paraissait traiter madame Blouot avec beaucoup de considération, tandis que la veuve était le point de mire de toutes les plaisanteries, bonnes ou mauvaises. On pouvait, du premier coup-d'œil comprendre toute la différence qui existait entre ces deux femmes, à la manière seule dont les traitaient les deux jeunes filles. Amélie courait çà et là, folâtrant avec l'un, causant avec l'autre, évitant la veuve, et l'éloignant même de temps en temps par un coup-d'œil impérieux,—tandis que Cécile restait auprès de sa mère dans une attitude de soumission et de tendre respect.

— Vous ne savez pas, dit confidentiellement Polydore à ses camarades... j'ai enfin découvert le grand secret... à la lecture, nous avons tous été étonnés que Vulpinien eût fait seul une aussi jolie pièce... la petite Louisa l'a vu entrer tout à l'heure avec un jeune homme et le placer lui-même à l'orchestre... vous n'ignorez pas que Vulpinien ne produit jamais *son jeune homme* qu'à la dernière répétition... on m'a dit que le collaborateur est au côté droit de l'orchestre... Tenez... justement... il n'y a que lui dans la salle... mais je ne me trompe pas... c'est le jeune homme qui, il y a deux mois, prit le comte de La Mortelli au collet et lui fit une si fameuse peur...

— Vraiment, dit madame Blouot, qui ne put se défendre d'une certaine émotion?

— Ah! tant mieux, s'écria Cécile!

— Voilà de la naïveté, dit la duègne...

— Eh! mon Dieu, reprit Polydore... la naïveté est comme la modestie... on la rencontre si rarement dans nos coulisses, qu'il faut vraiment féliciter mademoiselle Cécile d'avoir conservé la sienne.

— Je vous remercie, Monsieur, dit madame Blouot...

— Monsieur Polydore n'a jamais que des méchancetés à dire, continua la duègne...

— Eh! mon Dieu... ce n'est pas ma faute, si les vérités que je laisse échapper quelquefois passent pour des méchancetés aux yeux de certaines personnes qu'elles frappent directement...

La duègne s'éloigna sous prétexte de repasser son rôle.

— Mais ce qui me chagrine et m'irrite, continua Polydore, c'est que sur les planches, on ne puisse jamais exprimer un sentiment simple, touchant, sans qu'il ne soit aussitôt travesti et tourné en ridicule. La vérité, la pudeur sont ici accueillies par beaucoup de gens, comme si elles abordaient en terre étrangère. Si bien que les bons naturels s'isolent, se replient sur eux-mêmes ou se pervertissent. Le champ est laissé libre aux mauvais et aux moqueurs, qui sont en plus grand nombre, et qui s'en vont propageant et confirmant, par leur conduite et par leurs propos, la déplorable idée que le monde s'est faite de nous. Vraiment le théâtre n'a pas de plus grand ennemi que lui-même.

La toile tomba et l'on frappa les trois coups. Le chef d'orchestre essaya son ouverture dans laquelle il avait introduit beaucoup de musique de sa composition, et que par amour-propre il fit recommencer cinq ou six fois.

Pendant qu'on la jouait, le régisseur, M. Doguereau, homme à la figure rébarbative, rencontra dans les coulisses la veuve Saint-Brice, qui se promenait en savourant plusieurs prises; elle était sur le point de se rapprocher du pompier, afin d'entamer avec lui une petite conversation.

— Que faites-vous là, lui dit le Doguereau d'un ton peu aimable?

— Vous le voyez bien, Monsieur, je prends l'air... c'est dans la *valescence* de chacun...

— Vous n'ignorez pas qu'il est défendu aux personnes étrangères à la pièce que l'on joue ou que l'on répète, de rester dans les coulisses... allez-vous-en dans la salle.

— Mais madame Blouot reste auprès de sa fille... la mienne joue aussi dans la pièce...

— Mademoiselle Cécile a besoin de sa mère,

tandis que votre fille n'a aucun besoin de vous...

— Cependant...

— Allez-vous-en dans la salle... ou je vous fais enlever par les machinistes...

Il n'y avait rien à répondre à cet argument tout napoléonien. La veuve Saint-Brice gagna la salle en jetant un coup-d'œil haineux sur madame Blouot. Celle-ci lui répondit par un regard où il y avait tant de mépris et une supériorité si accablante, qu'elle ne put s'empêcher de baisser la tête.

Elle alla à l'orchestre et s'assit tout juste à côté de Victor. Quand elle porta par hasard les yeux sur lui, elle recula comme si elle avait marché sur un serpent. Malgré la défense du régisseur, elle retourna au théâtre toute effarée et dit tout bas à sa fille :

— Le sauvage est là...

— Le sauvage?...

— Oui... tu sais... l'homme de l'autre soir.

— Ah!

— Il s'est placé à l'orchestre... ma foi... je

ne vais plus de ce côté là... quand même Doguereau devrait me manger, je traverse le théâtre.

Elle traversa en effet le théâtre et se posta de l'autre côté de l'orchestre ; mais elle n'y demeura tranquille que lorsqu'elle se fut bien assurée que le *sauvage*, comme elle l'appelait, restait à sa place et ne venait pas à elle.

Amélie, d'enjouée qu'elle était, se fit sérieuse et pensive. Elle contempla un instant Victor, dont la belle figure se détachait avec vigueur sur le fond sombre et énergique de la salle, plongée dans l'obscurité la plus complète, et elle dit encore une fois avec force :

— Oh! j'aimerais cet homme-là !

Amélie, lancée de bonne heure dans le désordre, avait été habituée jusque là aux amours de convention et de hasard. Elle n'avait connu que ces jeunes automates aux visages fardés et à la taille factice, qui ressemblent plus à des femmes qu'à des hommes, dont toutes les paroles sont fades, tous les sentiments faux et musqués, qui ne s'occupent que de vétilles, de toilette, de babioles, qui répandent autour d'eux je ne sais quel parfum de nullité, je ne sais quelle atonie morale, et laissent leurs maîtresses dans l'ignorance de la supériorité réelle d'un sexe sur l'autre. L'amour d'un homme sérieux, connaissant sa valeur, la faisant sentir sans effort, parlant avec franchise, n'exprimant que des sentiments vrais, et dans un langage énergique comme sa nature, avait produit sur elle une impression profonde. C'était pour ainsi dire la première passion qu'elle eût éprouvée; c'était la première fois qu'elle subissait cet empire que doit exercer la créature forte sur celle qui est plus faible. On aurait dit que jusque là elle n'avait rencontré que des images effacées de l'homme, et qu'elle s'attaquait maintenant à la réalité. Elle était fascinée, domptée, vaincue. Tout en elle était pris, le cœur, les yeux, les sens; elle souffrait. Cette femme si fière et si hautaine n'était plus qu'un enfant.

Au lever du rideau Victor vit avec étonnement des individus aux physionomies sombres et malheureuses, venir prendre place derrière lui au parterre; celui qui paraissait être leur chef se détacha du groupe et alla causer un instant sur la scène avec le directeur et l'auteur.

Il fallait que cette conférence fut bien importante, puisqu'elle suspendit la répétition.

Ces individus étaient le noyau des claqueurs du théâtre, et leur chef était *l'entrepreneur de cabale*. Il s'agissait de régler les passages où l'on applaudirait, les passages où l'on rirait, et même les passages où l'on sangloterait.

Chaque nouveau directeur à son arrivée met à l'enchère *l'entreprise de la cabale*, et il trouve concurrence de soumissionnaires. Le bénéfice de l'adjudicataire se compose des billets que les auteurs et l'administration lui délivrent chaque soir, des gratifications occultes que lui accordent les acteurs et surtout les actrices pour se faire applaudir. Il est certains théâtres où ce dernier revenu monte très haut Les danseuses surtout sont très friandes de bra vos et luttent ensemble de générosité envers le claqueur en chef. L'Opéra a déjà enrichi plusieurs de ses entrepreneurs de cabale ; à l'Opéra-Comique, au Gymnase, ils n'ont pas été moins heureux.

Les billets de premières représentations sont aussi pour l'entrepreneur de cabale une source abondante de recettes. Aux premières représentations, le directeur double la dose, et l'auteur abandonne tous ceux auxquels il a droit d'après les traités conclus avec les théâtres par l'association dramatique. Il ne faut pas croire que l'entrepreneur donne tous ses billets à des claqueurs de profession, et que par conséquent il n'en tire aucun profit ; les claqueurs de profession sont en petit nombre et ne forment que le noyau de l'armée. Sur les ailes, et en tête et en queue, sont placés beaucoup d'amateurs qui ont les billets à moitié prix, à la condition d'applaudir, et qui voyent ainsi le spectacle d'une façon tout économique. Dans le langage parisien cela s'appelle *aller à la claque*. Ce commerce de billets à moitié prix se pratique chez les marchands de vins qui avoisinent les théâtres. Les amateurs font presque toujours d'aussi bonne besogne que les claqueurs ; ils partent comme eux au signal donné par le chef de cabale, et comme ils ne sont pas aussi blasés, comme ils n'ont pas déjà vu la même pièce plusieurs fois, leurs rires et leurs applaudissements de bon aloi, et exprimant une satisfaction réelle, font souvent beaucoup plus d'effet que les autres. Le chef de claque aime assez le *travail* des amateurs, d'abord parce qu'il lui coûte moins cher, et ensuite parce qu'il est plus consciencieux. On a vu des amateurs arriver à ne payer leurs billets que le quart de leur valeur ; on en a vu d'autres, qui n'avaient sans doute rien de mieux à faire, devenir claqueurs en pied et même lieutenants du chef ; car celui-ci ne daigne pas occuper son poste tous les soirs ; il se réserve pour les grandes occasions, — et lorsqu'une pièce a déjà atteint sa septième ou huitième représentation et n'est pas *cahotée*, *chagrinée*, *balancée*, il abandonne volontiers à son second les rênes du gouvernement. Un chef de cabale dit : « La pièce marche, je ne *donne* pas demain. » Il dit encore : « Nous jouons un vaudeville nouveau la semaine prochaine ; on m'a confié le manuscrit. C'est faible. J'aurai de la peine *à faire* le succès. » Il dit encore : « J'ai *sauvé* la situation du cinquième acte ; sans moi la pièce ne marchait pas. »

Il ne faut pas que le chef de claque soit un homme tout-à-fait ordinaire. Il doit sonder les dispositions du public, le suivre pas à pas, l'enlever quand il *mord* à la pièce, et ne pas le blesser, le contrarier par des applaudissements mal placés, quand il paraît mécontent. Un chef de claque intelligent ne lutte jamais contre la majorité des spectateurs; il *abandonne* une pièce quand ils sont tout-à-fait *mal montés*, mais aussi, pour peu qu'ils soient satisfaits, pour peu qu'ils *se livrent*, pour peu qu'ils *aillent en avant*, il précipite leur élan, il exagère leur approbation et double le succès. Un chef de cabale s'écriait un jour dans un mouvement d'orgueil assez légitime : « Je connais le public et les acteurs du théâtre de *** comme si je les avais faits. Ce théâtre pourrait se passer de M. Scribe ; je le défie de se passer de moi. »

Chose déplorable à dire, et qui paraîtra monstrueuse au premier abord, surtout à nos lecteurs de province, — c'est que les claqueurs sont une plaie nécessaire et pour ainsi dire incurable. Le public de Paris a tout-à-fait perdu l'habitude d'applaudir, excepté dans des occasions vraiment extraordinaires ; si les claqueurs n'étaient pas là pour réchauffer non seulement les acteurs, mais encore la salle, un froid glacial règnerait dans tout le théâtre. On a beau dire qu'une fois le claqueur supprimé, le public se mettrait à battre des mains. Non. Cette institution favorise sa paresse ; il peut s'étendre à son aise dans sa stalle et exprimer sa volonté tout simplement par un signe de tête. Les claqueurs sont ses esclaves. Il est content qu'on applaudisse pour lui lorsque tout va à sa guise ; seulement il ne veut pas qu'on applaudisse contre lui et malgré lui. Il s'est réservé le sifflet, et sans en abuser, il en use quelquefois.

Certes, ce qu'il y avait de plus difficile, c'était de faire admettre les claqueurs. Maintenant qu'ils sont *reçus*, maintenant qu'ils sont arrivés à l'état de *fait accompli*, on les déracinera difficilement. Je sais bien qu'il y a dans leurs rapports avec les auteurs, avec les acteurs, avec la direction et même avec le public, des détails tout-à-fait révoltants, surtout lorsqu'on les considère de sang-froid ; mais malheureusement l'habitude a presque fait perdre aux Parisiens le sang-froid nécessaire pour cela. — De loin on s'indigne et on a raison ; de près on est indifférent.

Mais nous ne saurions trop dire aux directeurs et autres intéresssés, que la claque est une arme dangereuse et qu'elle pourrait bien éclater entre leurs mains, s'ils voulaient y mettre une charge trop forte.

La pièce allait enfin commencer. Victor était tout yeux et tout oreilles ; il s'apprêtait à prendre en véritable écolier la leçon que Vulpinien lui avait promise.

Il fut très agréablement impressionné lorsqu'il vit que le rôle de la jeune personne spirituelle et sensée, qui au dénoûment part pour la province avec *l'ami terrible*, était rempli par Cécile. C'est bien à elle aussi qu'il l'aurait confié ; elle seule pouvait rendre avec toute la candeur convenable ce mélange d'intelligence, de raison et de naïveté, qui faisait le fonds du personnage. Elle s'acquitta à merveille de sa tâche.

A mesure que l'ouvrage se développait, Victor reconnaissait, non-seulement son idée tout entière, mais ses scènes, ses phrases. Seulement la main de Vulpinien avait beaucoup élagué dans toutes les broussailles du premier manuscrit. Les scènes étaient mieux coupées, les entrées et les sorties plus vives et mieux réglées, les couplets et les mots spirituels mieux placés ; enfin la pièce marchait. Ce n'était plus qu'une esquisse, au lieu d'être un poëme tout entier. De l'action, de l'action, de l'action même dans les mots, — voilà ce que demande notre théâtre secondaire. Vulpinien avait pris l'action qui serpentait au milieu des conversations et des longueurs de l'ouvrage de Victor, et l'avait appliquée sur un fonds plus simple. L'opération avait réussi.

La pièce plut généralement, et la satisfaction la plus vive se peignait sur toutes les physionomies. Musiciens, machinistes, choristes, acteurs, directeur s'abordaient le sourire sur les lèvres et se serraient les mains ; dans un théâtre un succès intéresse l'amour-propre de tout le monde et chacun le regarde comme sien. Une chute affecte également tout le monde, et pour le même motif. Examinez le personnel d'un théâtre le lendemain d'un *fiasco*, on marche la tête baissée et le front morne ; les ouvreuses de loges elles-mêmes semblent se conformer à cette triste pensée. Vienne un succès... c'est un coup de soleil dans tous ces nuages.

Au milieu de la joie générale, la veuve Saint-Brice seule ne paraissait pas contente ; elle faisait la mine, trépignait, grognait ; elle trouvait que le rôle de son Amélie était insignifiant, et qu'elle était tout-à-fait sacrifiée.

—Parbleu ! se disait-elle, n'a-t-il pas dû attrapper une courbature, ce Vulpinien, pour donner tant de choses à dire à cette pauvre Amélie... cinquante lignes tout au plus... et pas un seul joli couplet... en voilà du nanan... remerciez donc monsieur... et puis un costume de ville... comme c'est avantageux... rien de court, rien de transparent... rien qui permette de se faire un peu valoir... Je souhaite que cette pièce-là soit applatie comme une pomme cuite. C'est toujours l'autre qui attrape les bons morceaux... ce que c'est que d'avoir une figure de sainte-nitouche et les manières d'une rosière de Salency... je le répéterai toujours... faut pas s'y fier... faut pas s'y fier... il n'est pire eau que l'eau qui dort, comme dit le proverbe, et la petite sait bien qu'on attrape plus de mouches avec du miel, qu'avec du vinaigre... aussi ça lui réussit... tout le monde est à ses genoux... le directeur lui fait des petites mines gentilles... Polydore, ce vilain singe, la suit comme un valet de chambre, et l'encense comme un enfant de chœur... jusqu'à ce va-nu-pieds de chef d'orchestre, qui râcle de toutes ses forces sur son violon quand elle chante, tandis qu'on dirait qu'il n'a pas la force de pousser son archet pour accompagner mon Amélie... c'est à dégoûter de tout, ma parole d'honneur !

La vieille termina son monologue en prenant une large prise de tabac.

En traversant le théâtre, Victor se trouva sur le passage de madame Blouot et de sa fille qui sortaient.

— Du courage, Monsieur, lui dit madame Blouot.

— Oh ! oui, Monsieur, du courage, répéta Cécile, mais avec plus de chaleur.

Et elle entraîna sa mère, craignant sans doute de laisser voir la rougeur qui couvrait son visage.

Ces simples paroles firent éprouver à Victor une sensation délicieuse ; c'était comme un baume rafraîchissant répandu sur ses blessures. Il y puisa une nouvelle force.

Amélie passait devant lui presque au même moment. Il la salua avec froideur. Elle lui lança un de ces regards dans lesquels se dévoile l'âme d'une femme qui aime. Il y avait dans cette provocation tant d'énergie et d'ardeur, que Victor en fût ému. Toutes les passions vives de son âme furent surexcitées en un instant. Il venait d'être doucement agité par un sentiment tendre et pur ; c'était maintenant un orage brûlant qui passait sur son cœur, et y laissait son empreinte.

Il suivait encore d'un œil avide Amélie, qui se perdait déjà, ombre légère et voluptueuse, dans les ténèbres d'un escalier tortueux, lorsqu'il sentit qu'une main s'appuyait familièrement sur son épaule.

Il se retourna et se trouva en face de Vulpinien.

—Eh bien ! lui dit celui-ci... vous avez vu la répétition, jeune homme... voilà comme on bâtit une pièce... c'est gentil, c'est propre, c'est coulant... pas de longueurs, pas d'inutilités... vous comprenez maintenant qu'il n'est pas si facile de faire du théâtre... travaillez, travaillez, mon ami... c'est ce que me répétait sans cesse mon père, qui avait eu de beaux triomphes dans son temps... j'ai suivi ce conseil, j'ai travaillé, j'ai réussi... on ne parvient qu'à ce prix là... vous pourrez marcher, mais ne vous négligez pas... vous connaissez la fable :

Un riche laboureur sentant sa fin prochaine,
Fit venir ses enfants, leur parla sans témoins....

Et puis, plus bas, au dénouement... comment donc ?...

Travaillez, prenez de la peine...
C'est le fonds qui manque le moins...

Eh ! non.... c'est le commencement, ça..... oui... *témoins*, *moins*... *prochaine*, *peine*... tout cela rime... Enfin, c'est égal... Lafontaine n'en avait pas moins raison... Tels ont été les principes qui ont dirigé toute ma vie... En 1819, j'ai failli épouser une Anglaise qui m'avait vu en pantalon collant, et qui était folle de moi... elle avait une fortune colossale, mais elle exigeait que je renonçasse au théâtre... plutôt mourir ! elle était jalouse, l'Anglaise ! elle ne voulait plus me voir fréquenter les coulisses ! plutôt mourir !... sans cela je serais aujourd'hui l'époux d'une blonde fille d'Albion, car elle était blonde... d'un blond charmant... Enfin, j'ai fait mon chemin sans ses guinées... voilà l'effet du travail... le travail, jeune homme !... Tenez, voulez-vous ce soir voir la pièce nouvelle ? j'ai une stalle à votre disposition... prenez... prenez... ne vous gênez pas.

Et il pirouetta sur ses talons en laissant le billet entre les mains de Victor.

XIII

La première représentation.

Aux premières représentations, le spectacle est, on peut le dire, autant dans la salle que sur la scène. Un provincial qui voudrait bien connaître tout le personnel de la littérature parisienne, n'aurait qu'à se faire conduire dans un théâtre d'ordre le soir d'une première représentation. Presque toutes les loges sont données aux journalistes, qui amènent leurs amis, — des romanciers, des artistes, des viveurs de bonne compagnie, — et quelquefois aussi leurs tailleurs.

Voyez, — tous les yeux sont braqués sur cette stalle de première galerie, qui doit être occupée par un feuilletoniste, dont la boutonnière vient d'être ornée du ruban rouge; on veut savoir comment il supportera les premiers regards de la foule. Et cet amusement cruel est encore plus avidement recherché par ses amis que par ses ennemis. La raison en est toute simple; ses amis sont jaloux de la faveur qu'il a obtenue; ses ennemis en sont joyeux, car il offre plus de prise au sarcasme.

Plus loin une actrice, au jeu égrillard et aux réparties de gros sel, attire sur elle l'attention publique; elle est surtout le point de mire des lorgnettes des vieux désœuvrés et des étudiants en droit de première année.

Un auteur en besicles, qui n'a pas pu se faire jouer depuis la comète, se promène dans tous les corridors, affirmant d'avance que le sujet de la pièce nouvelle lui a été volé.

Au foyer, les écrivains de tous les genres, de toutes les opinions, de toutes les coteries possibles forment des groupes, où ils parlent surtout politique, parce que la politique ne les regarde pas.

Un jeune romantique — il y en a encore — passe en frémissant à côté d'un critique pâle, qui a jeté des pierres classiques à la tête de son idole et lui a enlevé un bon coin de son vaste front.

Le rédacteur d'un petit journal donne une poignée de main fort affectueuse à un confrère, qu'il *échinait* la veille dans son article.

Un vaudevilliste qui dans les conciabules dramatiques, a l'habitude de médire des journaux, de les traiter de pestes, de fléaux, de tisons d'enfer, salue à droite et à gauche tous les feuilletonistes qu'il rencontre et cherche à leur arracher un sourire.

Deux commis marchands très pincés et très bien cravatés regardent avec étonnement l'un de nos maréchaux littéraires, qui se promène fièrement avec une redingotte trouée aux coudes et des chaussettes tombant sur ses talons.

Plusieurs hommes à longue barbe se prélassent dans une baignoire du rez-de-chaussée appartenant à la *Gazette des femmes*.

Quelques directeurs de théâtres voisins ne disent mot et affectent la tenue des figures de cire, pour qu'on ne les accuse pas d'avoir contribué par leurs plaisanteries à la chute de la pièce, — s'il doit y avoir chute.

Toute la famille de Vulpinien est dans une avant-scène, et son cousin, le percepteur des contributions, lorgne toute la salle avec une certaine fatuité qui, chez les Vulpinien, est dans le sang.

Trois femmes de lettres célèbres sont à côté l'une de l'autre, sous le patronnage d'un ténor de salon, et font semblant de se parler avec amitié, et de vivre dans la meilleure intelligence du monde; peu s'en faut qu'elles ne s'embrassent en public. Demain elles se déchireront mutuellement devant leurs intimes. Le bas-bleu est hypocrite et féroce.

Victor examinait ce tableau plein d'animation avec une grande curiosité, lorsque l'ouvreuse de loges parvint jusqu'à lui en passant sur le corps d'un grand nombre de spectateurs qui l'accablaient de leurs malédictions,—les spectateurs à gros ventre surtout, —et lui remit un petit billet en lui faisant signe de sortir. Victor sortit et fit jurer à son tour les spectateurs à gros ventre et autres. Arrivé dans le corridor, il ouvrit le billet et lut ce qui suit :

« Monsieur, une personne que vous avez
« déjà vue désire vous entretenir un instant.
« On vous conduira jusqu'à elle. »

Victor jeta les yeux autour de lui et vit la veuve Saint-Brice, qui, tout en murmurant, se mit à le précéder, mais à une distance très respectueuse.

Ils arrivèrent sans mot dire à la loge d'Amélie!

Il était facile de s'apercevoir que celle-ci s'était mise en frais de coquetterie pour recevoir cette visite qu'elle attendait. Elle portait un costume de Maja, très piquant et très leste, sous lequel elle venait de jouer dans la première pièce. Ses beaux cheveux noirs, qu'elle allait livrer à la main du coiffeur, se déroulaient en longues tresses noires sur ses blanches et plantureuses épaules ; elle était couchée sur un divan, et sa tête appuyée sur un bras aux contours voluptueusement arrondis, avait bien la meilleure grâce du monde. Je ne parle pas de ses pieds; ils avaient au jockei-club et dans le quartier Lorette, la réputation de tenir dans la main, et vous devez sentir qu'Amélie en avait tiré bon parti dans l'arrangement général de sa pose. L'un était jeté hardiment dans l'espace et attirait les yeux sur une jambe délicieuse; l'autre, plus décent, se dessinait perfidement sur le fonds sombre du divan et accusait avec vivacité sa forme jolie et mignonne.

Un sculpteur, un peintre n'auraient eu rien à reprendre dans tout cela ; la coquetterie a deviné l'art.

Il y avait quelque chose de bien singulier dans la démarche que faisait Amélie vis-à-vis de Victor. En province, au Marais, et même dans d'autres régions plus rapprochées, on pourra la regarder comme invraisemblable. Mais la vérité de ma narration sera attestée par ceux qui savent ce que peut faire, lorsqu'elle aime véritablement et pour la première fois, une de ces femmes perdues, qui ont déjà tout éprouvé, tout osé, tout épuisé; rencontrent-elles une sensation nouvelle, elles s'y ruent avec une véritable fureur, et abordent une passion pure et sérieuse avec toute la verve du libertinage. La retenue leur vient plus tard. Comme le plaisir qu'elles cherchent ne dépend plus de leur propre volonté, mais de celle d'un autre, elles subissent le frein et s'accoutument à estimer, à respecter la nature humaine, que de misérables liaisons leur avaient montrée jusque-là sous le plus triste des aspects. L'amour les épure, les relève à leurs propres yeux ; elles deviennent par l'amour capables de toutes les vertus, de tous les sacrifices. Il n'est pas de plus grandes passions que celles-là ; c'est un feu qui a été long-temps caché et entretenu sous le fumier, et qui, se faisant jour enfin, se précipite vers le ciel en longues gerbes de flammes !

En présence d'Amélie si belle, si attrayante,

Victor ressentit de l'émotion ; une chaleur vive et rapide circula dans tout son corps et le fit tressaillir; mais l'effet n'alla pas jusqu'au désir. L'obstacle, le point d'arrêt, se trouva dans l'esprit et dans le cœur. Victor, comme toutes les natures droites et loyales, donnait à tous les sentiments naturels une direction franche et sincère. Ce n'était point un puritain, il ne l'avait que trop prouvé. Mais sa délicatesse se refusait à reconnaître la communauté, le partage en amour ; il voulait qu'une femme lui appartînt, et n'appartînt à aucun autre. Dans cette passion là surtout, il était absolu et égoïste, et ce qui l'avait surtout choqué dans ce monde où il était entré depuis quelque temps, c'était de voir ces femmes, qui partageaient leurs faveurs en parts égales, ici les vendant, là les donnant, plus loin les échangeant contre des plaisirs coûteux. Il n'hésitait pas à mettre leur moralité au niveau de celle des êtres les plus dégradés, et les hommes qui profitaient de leur faiblesse étaient à ses yeux aussi méprisables qu'elles. Victor paraîtra peut-être bien sévère, bien ridicule à quelques-uns; mais que voulez-vous? il n'a pas encore vécu au milieu de la corruption, et ses scrupules n'ont pas eu le temps de se bronzer. Et de grâce, ne le tournez pas en ridicule, parce qu'il n'a pas encore ce mérite-là; ce sont de ceux qui s'acquièrent assez vite et qui viennent pour ainsi dire tout seuls.

— Monsieur, dit Amélie à Victor en rougissant et en tremblant même un peu, (ce qui ne lui était pas arrivé depuis bien long-temps) vous êtes peut-être étonné de vous trouver encore une fois près de moi, et de vous y trouver à ma prière...

— En effet, madame, j'ai été étonné d'abord... mais une courte réflexion est bientôt venue dissiper ma surprise... Il y a quelque temps, madame, vous m'avez rendu un service, un grand service; peut-être le moment est-il venu de m'acquitter envers vous... parlez, madame, et soyez certaine que je ferai tout pour vous prouver que la reconnaissance n'est pas une des vertus que j'estime le moins.

— Je suis touchée, Monsieur, de la chaleur que vous mettez à montrer aux gens qu'ils ne trouvent pas en vous un ingrat... mais vraiment il m'en a coûté si peu pour faire ce que vous m'avez demandé, que je suis toute honteuse de me voir payée au-delà de ce que je devais espérer... aussi, connaissant la vivacité de vos sentiments, et pour ne pas être en reste avec vous, ai-je saisi avec empressement la première occasion qui s'est présentée de vous rendre un nouveau service... mais qui fût plus direct, plus personnel que le premier, et qui par conséquent m'acquittât mieux...

— Un service... à moi... madame...

— Oui, Monsieur... on m'a dit que vous vouliez écrire pour le théâtre... les commencements sont difficiles... j'ai de l'influence sur certaines personnes qui pourront vous être utiles... venez me voir souvent... venez me voir tous les jours, et peut-être qu'en combinant nos efforts nous parviendrons au but...

—Je vous remercie, madame, de l'offre obligeante que vous me faites... mais il m'est impossible de l'accepter...

— Impossible, s'écria Amélie étonnée et confuse.... ah ! je comprends !... d'autres sans doute...

— Vous vous trompez, madame, d'autres n'ont pas votre puissance... d'autres ne voudraient peut-être pas l'acquérir au même prix.

— Qu'entends-je ?...

— Excusez ma franchise, je n'ai point encore appris à chasser la vérité quand elle vient sur le bord de mes lèvres... et peut-être ne l'avez-vous jamais entendue ?... mais croyez-le bien... si je m'exprime ainsi, ce n'est point pour vous insulter, pour vous braver... il y aurait lâcheté à se conduire de cette manière avec une femme. Mes paroles sont moins dictées par la haine ou le mépris, que par l'intérêt bien vif que votre vue m'inspire....

— Il serait vrai, dit Amélie en jetant sur lui un coup-d'œil où vinrent s'éteindre les derniers feux du ressentiment.

— Eh bien ! cette influence que vous m'offrez... je vous le repète... il m'est impossible d'en accepter les bénéfices, quand je songe à quel prix elle a pu être achetée.

Amélie baissa la tête ; pour la première fois de sa vie, elle avait la conscience de son avilissement.

— Et puis, faut-il que je l'avoue, madame ? vous m'offrez de vous voir souvent... de vous voir tous les jours... ces visites auraient trop de danger pour moi...

—De danger ?... fit Amélie en relevant la tête.

— Oh ! vous connaissez mieux que personne la puissance de vos charmes... et je le sens, en vous voyant tous les jours, je pourrais devenir amoureux... amoureux fou...

Amélie tressaillit, elle avait peur ; jamais elle n'avait entendu ces accents si vrais, si chaleureux. C'était un nouveau monde qu'elle découvrait, et elle tremblait comme la jeune fille qui repousse un bonheur inconnu. Elle avait encore la virginité du cœur.

— Oui, je veux éviter ce danger, continua

Victor. Ne serais-je pas le plus malheureux des hommes, moi qui ai compris l'amour comme une chose sainte et vénérable?... malheureusement je connais votre histoire... qui ne la connaît?... Et je serais amoureux de vous?... et je pourrais vous voir passer tous les jours dans les bras d'un nouvel amant?... Non! non! ce supplice est celui des damnés... le supporter serait au-dessus de mes forces... je vous tuerais ou je me tuerais...

Amélie recula et sembla appeler quelqu'un à son aide.

— Vous voyez bien, madame, que je ne puis vous voir... Tenez, j'aime une pauvre fille, une simple ouvrière... ma passion n'est plus aussi violente qu'elle l'était à sa naissance... car nous sommes ainsi faits, nous autres hommes, que dans notre âme les sentiments les plus vrais se fanent comme des fleurs après quelques jours d'existence... Eh bien! si j'apprenais que Thérèse eût adressé à un autre qu'à moi un regard... un de ces regards où se reflète la simple bienveillance, je serais embrâsé de tous les feux de la jalousie et de la rage... Adieu, madame, adieu...

Amélie était agitée par tant de sentiments divers, elle était si bien repliée sur elle-même et concentrée dans l'étude des plaies de son cœur, qu'elle ne le vit pas sortir.

— Et tu me soutiendras encore que ce n'est pas là un sauvage, lui dit la veuve Saint-Brice, qui pendant toute cette scène était restée dans un coin, levant les épaules et puisant de temps en temps dans sa tabatière de bouleau.

Amélie ne répondit pas d'abord; mais au bout de quelques instants elle dit d'une voix brève :

— La mère... vous le suivrez ce soir après le spectacle... et vous saurez où il demeure et quel est son nom...

— Mais, ma fille, il sera bien tard...

— Je le veux...

En retournant à sa stalle, Victor était en proie à une certaine agitation. Malgré toutes les susceptibilités de sa nature, la vue d'Amélie avait produit sur lui une si vive impression, qu'en moins d'un quart d'heure l'amour, la jalousie, s'étaient développés en lui, et qu'il avait pour ainsi dire laissé échapper un aveu. Il y avait dans cette passion quelque chose de brutal, de matériel, d'impétueux, qu'il ne connaissait pas encore; il était entraîné. Dans son amour pour Thérèse, il y avait eu un heureux mélange des sentiments du cœur et des désirs sensuels de la jeunesse. Ici Vénus se montrait tout entière.

Ce soir-là, Amélie parut maussade et ennuyée, même à ses admirateurs. La pièce eut un très grand succès, et Vulpinien fût nommé seul, ce qui étonna tout le monde, car il ne marchait jamais sans une escorte de deux ou trois collaborateurs.

Polydore dit à madame Blouot :

—Allons, il paraît que le pauvre jeune homme n'aura pas même l'honneur de voir son nom sur l'affiche. Ordinairement Vulpinien se conduit mieux que cela, il accorde au moins un peu de gloire à ses victimes. Il faut qu'il ait trouvé cette fois-ci bien de la candeur et de l'innocence...

Le lendemain l'habile, l'ingénieux, le fécond Vulpinien fût porté aux nues dans vingt feuilletons, et il fit immédiatement recevoir deux *ours* de sa ménagerie; il fût inabordable, même par ses amis, jusqu'à sa première chute. Il est vrai qu'elle ne se fit pas attendre; — cette fois il avait été obligé de travailler seul.

XIV

Le Journal.

Quelques jours après, Polydore rencontra Victor et l'aborda sans façon.

— Mon jeune ami, lui dit-il, je vous porte un très vif intérêt...

— Je vous remercie beaucoup, Monsieur, mais pourrais-je savoir à quel titre?...

— Je suis l'un des artistes du théâtre de ***, où vous venez quelquefois...

— En effet, Monsieur, je crois vous reconnaître...

— Polydore, *le comique des petites places*, ainsi qu'ils disent... comme s'il ne fallait pas cent fois plus d'esprit pour amuser le peuple... le peuple qui souffre et qui a faim... que pour faire sourire tous ces oisifs, qui ne demandent que cela... Oui, je suis Polydore, Polydore qui serait aujourd'hui à la Comédie-Française, et qui porterait la grande livrée dans la maison de Molière, s'il avait bien voulu reconnaître que telle ingénue de quarante-cinq ans n'en a que vingt-cinq et que M. un tel est le premier tragédien de l'époque... Ces Messieurs les sociétaires forment une république de despotes... il y a parmi eux de bons pères de famille, d'excellents gardes nationaux, dont l'amour-propre fait de véritables bêtes féroces...

— Ce tableau...

— Est vrai.

— Du reste, à la verve avec lequel il est tracé, on reconnaît l'acteur comique qui sait si bien animer la scène.

— Vous me flattez...

— Si vous m'aviez vu plus souvent, vous sauriez que j'en suis incapable...

— Alors, vous me permettrez d'être fier de vos éloges... la franchise est encore une vertu si rare !

— Mais comment me connaissez-vous ?

— Pour avoir quelquefois entendu parler de vous par madame Blouot...

— Ah ! par madame Blouot...

— Et aussi par sa fille... et encore par mademoiselle Amélie de Saint-Brice... et enfin par cette caricature de veuve Saint-Brice, qui ne vous appelle que *le sauvage*... et cela depuis le jour... vous savez... où vous élançant du parterre dans l'orchestre, vous avez fait une si grande peur au vieux comte de La Mortelli, le diplomate italien...

—Allons, je vois que vous me connaissez... dit Victor en souriant...

— Peut-être plus que vous ne pensez... je sais que vous avez confié un manuscrit à Vulpinien, et que dans ce manuscrit se trouvaient le sujet et la marche d'une pièce qu'il a récemment fait jouer avec grand succès...

— Mais vous êtes sorcier...

— Quand on sait comme moi son Vulpinien sur le bout du doigt, on a tout de suite le secret de ses rapports avec vous...

— M. Vulpinien avait eu la même idée que moi...

— La rouerie n'est pas neuve, et elle n'est pas consolante...

— Je vous assure qu'il a tiré de la donnée première un parti que je n'aurais jamais su en tirer moi-même...

— De la modestie, jeune homme! Allons... il paraît que c'est là une plante qui reprend racine en France, puisqu'elle commence à se trouver chez les acteurs et chez les auteurs...

— Vous avez une bien mauvaise opinion de vous et de moi...

— Eh... mon Dieu... pourquoi ne pas nous dire quelquefois la vérité à nous-mêmes... nous la disons si souvent aux autres...

— Si tous les hommes vous ressemblaient, nous verrions baisser le prix des masques...

— Et que de gens perdraient à marcher à visage découvert !... Mais, mon jeune ami, parlons un peu de vous... Vous vous destinez, à ce qu'il paraît, à la carrière dramatique?...

— Oui, Monsieur...

— Elle est épineuse...

— Nul ne le sait mieux que moi...

— Et la jeunesse y fait bien des écoles...

— Je l'ai appris à mes dépens...

— Vous avez frappé déjà à bien des portes.

— A bien des portes.

— Et aucune ne s'est ouverte...

— Aucune, excepté celle de Vulpinien...

— Il aurait mieux valu qu'elle restât fermée... là vous entrez, mais pour sortir dévalisé... ce sont de pareils succès qui ruinent.

— Ma foi, vous me faites voir des choses que je n'aurais jamais vues moi-même.

— Alors, vous reconnaissez que l'expérience des vieux peut quelquefois servir aux jeunes...

— Je n'en ai jamais douté...

— Dites-moi... pour se faire de bonne heure une position dans notre théâtre marchand, il faut avoir un peu de fortune et beaucoup d'intrigue... en êtes-vous pourvu?

— D'intrigue?

— Parlons de fortune d'abord...

— Je n'en ai jamais eu, que ce qu'il m'a fallu pour faire mon éducation.

— Et vous ne possédez plus rien?

— Un millier de francs qui me reste sur les économies que j'avais réalisées depuis deux ans par mon travail.

— C'est peu de chose... et l'intrigue?

—Oh! je suis encore moins riche de ce côté-là... je ne connais que les chemins droits...

— Ce sont ceux par lesquels on arrive le moins vite...

— Je les préfère aux autres...

— C'est cela... vous ferez très consciencieusement une piece, vous y mettrez de la verve, de l'esprit, du style, un grand talent... et vous irez tout bonnement la lire à un directeur.

— Tout bonnement...

— Et vous croyez que cela suffira pour que vous soyez reçu,,.

— Mais il me semble...

— Vous venez de l'autre monde, et les leçons reçues ne vous profitent pas, mon ami... avec ces principes-là, vous attendrez vingt ans avant de gagner six cents francs par an au théâtre, et comme vous n'avez pas de fortune, vous avez le temps de mourir cent mille fois de faim... mieux vaut vous faire tout de suite écrivain public ou précepteur dans une maison bourgeoise... vous n'avez qu'une ressource pour venir vous placer jeune encore auprès de Vulpinien et jouir des même avantages que lui...

— Quelle est cette ressource?

— Il faut prendre les voies détournées.

— Qu'entendez-vous par là?

— Oui... adonnez-vous à une branche de littérature moins difficile à aborder que le théâtre... faites du roman par exemple... ou bien encore des chansonnettes... On a vu des faiseurs dechansonnettes percer en peu de temps! ou bien encore soyez journaliste... vous avez de l'instruction, de l'esprit, et tous les genres se ressemblent, excepté le genre amusant et le genre ennuyeux... quand vous aurez acquis une certaine célébrité, présentez-vous de nouveau devant un directeur... alors il vous accueillera plus favorablement, ne fût-ce que pour exploiter votre nom sur l'affiche...

— Que de patience !

— Ah ! il en faut...

— J'en aurai...

— Tenez, toute réflexion faite, parmi ces voies détournées, je n'en vois pas de meilleure pour arriver au but que le journal... un succès dans le journalisme donne à un écrivain beaucoup de considération, une sorte d'influence redoutable et secrète... il n'est pas de puissance qui agisse d'une manière plus efficace sur l'esprit des directeurs... ils paraissent la mépriser, ils la redoutent au dernier point... la moindre petite feuille de papier sans abonnés, sans lecteurs, et se tirant à peine à cinquante exemplaires pour les cafés du quartier, leur fait la loi et leur arrache des billets de spectacle, des entrées de faveur et des réceptions de pièces... Cet effet là ne peut se comparer qu'à celui de la tête de Méduse... et il y a même cela de remarquable, que les directeurs comme les acteurs sont plus vexés des critiques de ces petites feuilles inconnues, et font plus de cas de leurs éloges, que des critiques et des éloges des grands journaux, véritables organes de l'opinion publique... Il est vrai que ceux-ci n'injurient pas et ne mettent pas sans cesse le marché à la main...

— Que de hontes!...

— Oui... honte pour ceux qui ont peur... honte pour ceux qui exploitent la peur! Mon ami, allez droit au journalisme honnête et capable, et quand vous aurez fait connaître votre nom, rabattez-vous hardiment et le front levé sur le théâtre... alors si on vous éconduit, on le fera au moins avec un peu plus de formes... Dans deux ans d'ici, vous viendrez me remercier du conseil que je vous ai donné là... Au revoir.

Victor se lança avec ardeur vers le nouvel

horizon que Polydore venait de découvrir à ses yeux.

Il envoya à un journal savant une dissertation sur les antiquités égyptiennes ; — à un journal littéraire, une nouvelle intime; — à un journal politique, une tartine sur la question des sucres.

Tous les matins il allait au cabinet de lecture pour voir si sa prose avait eu les honneurs de l'impression, et tous les matins il éprouvait une déception nouvelle. Alors, il se décida à aller redemander ses articles. Les garçons de bureau lui déclarèrent qu'on n'était pas dans l'habitude de rendre les articles communiqués, parce qu'ils étaient vendus tous les mois à l'épicier du coin, — mais que du reste, il n'avait aucune inquiétude à concevoir. Avant d'envoyer les papiers au pilon, on avait soin d'enlever le nom des auteurs. Touchante précaution!

Victor salua et se retira.

Le lendemain, il porta lui-même à un journal assez répandu un travail sur le différend anglo-chinois. — Il demanda le rédacteur en chef, — il était absent ; — le rédacteur en second, — il était absent ; — un rédacteur quelconque, — il n'y en avait pas. Le portier seul était visible. Le journal se faisait à domicile. Les rédacteurs, qui ne se voyaient jamais entre eux, envoyaient leurs articles à l'imprimerie par leur bonne ou par leur groom. On ne donnait pas leur adresse. Pour pouvoir leur parler des affaires de l'état, il fallait être leur ami intime ou leur bottier. Plusieurs d'entre eux ne savaient même pas où était située l'administration. S'il avait été nécessaire pour sauver la France qu'ils se rendissent aux bureaux de leur feuille, la France se serait arrangée comme elle aurait pu ; ils ne sauvaient la France que par correspondance ; c'était leur spécialité.

Victor salua et se retira.

Il offrit sa production anglo-chinoise à un autre journal non moins répandu. Là, il trouva au moins à qui parler. La personne qui avait été chargée par l'administration de recevoir les visiteurs et de leur répondre, était un jeune homme qui, avant de gagner cinq cents francs par mois à traiter les questions étrangères, avait passé par toutes les mauvaises positions de la presse active. Il avait été correcteur d'épreuves, rédacteur des faits Paris, sténographe des débats parlementaires, etc., etc. Il savait à quel prix s'achète une niche dans le sanctuaire, et par conséquent il était disposé à recevoir peu agréablement les intrus, assez nombreux du reste, qui sortant du collége, et arrivant de leur province, croient que de prime-abord, et parce qu'ils savent l'orthographe, ils sont aptes à manier cette arme puissante et redoutable, — la publicité! Il était d'humeur plaisante, et il avait à un souverain degré ce genre d'esprit mêlé de sang-froid, que l'on appelle en style pittoresque *blague*, et auquel s'exercent de bonne heure les rapins d'atelier, les élèves journalistes, les comédiens, les femmes de loisir, enfin tous les artistes. Lorsque Victor lui présenta son *travail sur le différend anglo-chinois* en lui disant qu'il aspirait à une place dans la rédaction, il le regarda avec beaucoup d'étonnement et lui dit avec aplomb :

— Certainement, Monsieur, nous aurions eu beaucoup de plaisir à compter votre plume parmi celles qui défendent dans notre journal les intérêts du pays, mais nous attendons de Pékin un Mandarin de seconde classe que nous avons débauché à prix d'or et qui doit venir traiter pour notre feuille la question chinoise sous toutes ses faces.

Victor salua et se retira.

Dans un autre journal où il demanda à faire l'article de discussion sur les séances des deux chambres, on lui répondit que ce travail était assuré à un député Bas-Breton qui, pour en être chargé, avait pris trente actions et avait renoncé à tout salaire.

Victor salua et se retira.

Dans un autre journal où il demanda le feuilleton des théâtres, on lui répondit que ce feuilleton était fait par un gros propriétaire de la banlieue, qui envoyait souvent du gibier au rédacteur en chef, et qui payait douze mille francs par an pour faire la besogne dramatique.

Victor salua et se retira.

Dans un autre journal, avant même de le laisser entrer, on lui demanda ce qu'il pensait d'une certaine danseuse très grasse et qui faisait les vilains jours de l'Opéra. — Il répondit qu'elle lui semblait parfaitement repoussante; — on lui ferma la porte au nez.

Victor ne salua pas et se retira.

Dans un autre journal, on lui dit que l'on n'était pas reçu rédacteur à moins d'être — ou pair de France, — ou académicien — et d'avoir suivi pendant trois ans le cours polyglotte de M. de Sacy, — afin d'être capable d'ouvrir tous les matins *la malle de l'Inde.*

Victor salua et se retira.

Dans un autre journal qui se faisait dans le coin d'un grenier, Victor fût reçu par un petit homme gris pommelé et très peu vêtu qui lui dit :

— Je n'ai besoin de personne, j'écris mon journal moi-même, je le corrige moi-même, je le plie moi-même, je le porte moi-même... je le lirais moi-même, si je le pouvais... j'ai déjà deux abonnés, mon restaurateur et ma fruitière; voulez-vous être le troisième?

Victor salua et se retira.

Dans un autre journal, un bas bleu régnait et gouvernait; on n'y pénétrait pas à moins de porter jupons. Dans un autre, la gérontrocratie prévalait. Il fallait avoir au moins soixante ans bien comptés pour pouvoir tenir la plume.

Victor salua et se retira.

Après avoir ainsi cherché sa vie sur les sommités de la presse, Victor descendit, et un triste spectacle frappa ses yeux.

Dans les régions inférieures, à l'exception de trois ou quatre feuilles légères qui vivaient de leur esprit et gagnaient bravement l'argent du public en l'amusant, les autres avaient l'escopette au poing, et s'embusquaient au coin des buissons pour demander l'aumône aux passants. Les unes tiraient sur l'industrie, les autres sur le théâtre, les autres sur la vie privée. — Une véritable spéculation de forêt de Bondy.

Victor sentit son cœur se soulever. Il faisait là une bien triste étude de la vie.

Il trouva un jour sur une table de café le prospectus d'un nouveau journal qui s'annonçait sous les plus brillants et les plus honorables auspices.

— Il faudra que je sois bien malheureux, se dit-il, si je ne trouve pas à me caser de ce côté là.

Il se rendit chez le fondateur de la nouvelle entreprise. C'était un petit homme grassouillet, à la figure expressive, aux mouvements saccadés, au langage vif et pétulant, — drapé dans une robe de chambre à fleurs d'argent, sale de linge et de peau, couvert de bijoux, et remontant à tout moment ses lunettes sur son nez. Il était au milieu de ses bureaux qu'il faisait établir dans des proportions colossales et qui étaient déjà peuplés de commis. Lorsqu'il entendit Victor lui adresser ses offres comme rédacteur, il fit un saut de deux pieds en arrière et s'écria :

— De la rédaction ! de la rédaction ! c'est ce

qui a perdu la presse ! je ne veux pas de rédaction !... voyez-vous... mon ami... je suis un homme hardi, moi ! A l'époque où les sociétés par actions sont discréditées, où les journaux périssent de tous côtés, je viens fonder un journal par actions ! ce sera magnifique ! Pas de rédaction ! J'ai déjà fait faillite dans les huiles, faillite dans les savons, faillite dans les assurances. Eh bien !... je marche encore ! j'annoncerai mes huiles et mes savons dans mon journal et mon journal enveloppera mes savons et mes huiles ! mais pas de rédaction, c'est ce qui a perdu la presse ! Je suis le messie de la presse ! Je n'aurai que des commis... des petits jeunes gens... à cinquante francs par mois ! Dans la journée, ils courront pour mes huiles, pour mes savons, pour les abonnements, et puis le soir ils écriront ce qu'ils auront vu et je ferai imprimer cela ! Voilà ma rédaction ! je ferai imprimer aussi les comptes de ma cuisinière ! et puis elle me narrera au coin du feu des histoires bien noires et bien vieilles, et je les imprimerai encore avec des titres effroyables ! Le public est si bête ! Je veux fonder la *Gazette des Vieillards*, la *Gazette des Hommes Mûrs*, la *Gazette des jeunes personnes au-dessous de quinze ans*, la *Gazette des Imbéciles*. J'aurais trois cents mille abonnés ! Les actions feront entrer trois millions dans ma caisse ! et je donnerai à mes actionnaires des espérances et du papier gris avec des caractères noirs dessus... Mais pas de rédaction ! Toujours les impressions de voyage de mes commis à cinquante francs par mois ! Jeune homme, voulez-vous être mon commis ? vous placerez mon savon, mes huiles et vous écrirez mon journal ! cinquante francs par mois, une paire de bottes et un peu de la considération dont je jouis dans le public. Demandez, faites-vous servir. Chaud ! chaud ! chaud ! »

J'omets de raconter ici que Victor fût adressé un jour à un capitaliste qui se proposait de fonder un journal, qu'il le trouva à un cinquième étage d'une maison borgne de la rue de la Huchette, et que ce capitaliste après lui avoir développé ses plans, lui emprunta une pièce de cent sous.

Ce que j'ai dit suffira pour montrer au milieu de quelles misères se débattait le malheureux Victor.

Il lui restait cinq cents francs ; il lui vint une idée qui vient ordinairement à tous les jeunes gens de lettres qui ont cinq cents francs dans la poche.

Il fonda un journal !

Dès que la nouvelle s'en fût répandue dans les hauts et bas quartiers, dans les pensionats de garçons et dans les neuvièmes au-dessus de l'entresol, dans les bureaux de revues inconnues et dans les ateliers d'ouvriers incompris, Victor vit arriver à lui tous ces petits êtres jaunes, noirs, malingres, qui ont de la bile au lieu de sang et qui s'attachent aux journaux naissants comme la chenille aux jeunes feuilles.

Ce sont toujours les mêmes ; je crois que lorsqu'ils meurent, — ils meurent ordinairement de très bonne heure, car l'envie les ronge et les tue, — lorsqu'ils meurent, de leurs cendres leur naissent immédiatement des successeurs.

Sans être des Phénix, ils ressemblent à l'immortel oiseau de ce nom. Cette horrible famille trouve en elle-même son commencement et sa fin. Elle se reproduit par ses propres forces.

Il y avait parmi eux des physionomies véritablement curieuses.

L'un d'eux, Miraton, se disait homme sérieux; il ne voulait avoir sa place dans la presse que pour y faire valoir les questions sérieuses. — Fi de l'esprit, de la verve, du style brillant et léger, des paradoxes habilement soutenus, des intrigues intéressantes et chaudement conduites. Tout cela n'est que de la crême fouettée. Miraton est un pédant tout barbouillé de rognures de phrases et de bribes d'école ; il lui faut quelque chose de plus solide, de plus substantiel. Il délaie en trois colonnes de grosses dissertations sur le *moi instinctif* et sur le *non moi*, et va à la découverte des philosophes chinois inconnus et antérieurs à Kon-font-Zée ; lisez : *Confucius*. Malgré ses courbettes à la porte de toutes les revues et de toutes les feuilles importantes, Miraton n'a pu parvenir encore à s'asseoir quelque part d'une manière solide, et à empoisonner de ses lourds bavardages un public un peu respectable. Il a même été chassé de certains petits journaux de théâtres, où sous prétexte de rendre compte d'un vaudeville de l'Ambigu ou d'un drame de la Gaîté, il montait en chaire et dissertait sur les systèmes primitifs. Il se rabat maintenant sur tous les carrés de papier timbré qui viennent à naître, les prend au berceau et les nourrit de son lait frelaté.

Childert, son ami, est venu au monde sans cœur, mais avec des griffes. Autrefois il aurait fait du pamphlet anonyme, aujourd'hui il se réfugie pour mordre derrière la signature d'un gérant. Tout lui porte ombrage, la beauté, le talent, la fortune. Il répand sa bave sur toutes les fleurs; mais, comme le serpent, il rampe et se cache. Un pareil monstre ne pouvait long-temps rester en compagnie honnête : aussi ne trouve-t-il à utiliser son venin que dans ces petites officines impures qui croupissent dans les bas lieux et les marais de la presse. Il porte son caractère sur sa figure.

Elle est longue, pâle, effrayante; sa peau est marbrée de taches livides. Ses yeux, comme ceux du hibou, paraissent redouter la lumière. Son corps fluet, mal planté, rampe plutôt qu'il n'est porté sur des jambes maigres qui s'affaissent sous le poids et ressemblent aux longues pattes filandreuses des araignées. On ne comprend pas que cet homme, si on peut l'appeler ainsi, ait encore le courage de se montrer au grand jour. Vingt fois il fut châtié comme un drôle par les gens qu'il avait insultés, et sa face huileuse porte encore le stigmate des affronts qu'il a reçus. N'importe, il se présente partout avec un front d'airain. Il y a certaines natures sur lesquelles la honte n'a pas de prise. S'il ne tire aucune espèce de vengeance des corrections qui lui ont été infligées, c'est, dit-il, que sa santé s'y oppose. Faible, lâche et effronté. Ne vous avais-je pas dit que c'était une vipère. Il trouve encore des bons amis qui l'excusent et qui consentent à lui donner le bras en public. Ceux-là ont une âme pareille à la sienne, et, s'ils ne se sont pas encore révélés, c'est que l'occasion leur a manqué.

Gingembre a inventé la nouvelle moyen-âge. Depuis que le moyen-âge a beaucoup perdu de sa valeur sur la place, Gingembre est fort embarrassé de ses produits. Il les colporte de rue en rue, et jure par la mort Dieu toutes les fois qu'il éprouve un nouveau refus. Ce n'est point un méchant garçon au fond, mais il est criblé de ridicules. Il ne comprend pas qu'on ait renoncé à la *bonne dague de Tolède* et aux *Messeigneurs* et *Messires*. Il trouve si commode de faire de la littérature de marqueterie! Il n'a conservé de la belle époque qu'un casque acheté sur le quai de la Ferraille, et une paire de chaussettes qui ont appartenu à Diane de Poitiers, à ce que lui a dit son marchand de curiosités. Il se sert quelquefois des chaussettes.

Vilepo appartient à la classe des écrivains industriels. Il ne demande jamais d'argent pour sa rédaction. Oh, mon Dieu! il est fort désintéressé, et la caisse est selon lui le meuble le plus inutile d'un journal. Mais il remplit tous ses articles de réclames en faveur des tailleurs, des bottiers, des chemisiers de sa connaissance, et, grâce à eux, se fait habiller gratis des pieds à la tête. Il échange même son admiration contre de beaux écus sonnants. Malheureusement la mèche est éventée en bien des endroits, et il cherche fortune. Il a eu dans sa vie des inventions admirables : l'annonce en vers, l'annonce à la première page, l'annonce à mi-page en long, l'annonce à mi-page en large, le puff perfectionné, le puff à l'accident, le puff politique, le puff à l'aumône; mais tout cela avait été découvert avant lui, et toutes les fois qu'il mettait le nez à la fenêtre, on lui tirait l'oreille en lui disant : « Je te connais, beau masque. » Vilepo en est réduit à exploiter les boutiques à vingt-cinq sous, et à leur vanter les bienfaits de la publicité. Il en vit peu, ou pour mieux dire, il n'en vit pas.

Laramure traîne son existence à l'estaminet, à côté d'un tout petit théâtre — avec des comédiens dont il vante le talent, et des auteurs dont il *chauffe* les vaudevilles. Toutes les fois qu'il a une colonne, ne fût-elle que de vingt lignes, à sa disposition, il la consacre à ce noble usage. Il est vrai que cela lui rapporte des déjeûners, des dîners et des demi-tasses. Il a déjà dit cent fois que le jeune Chocnosogue a plus d'esprit que Scribe, et que l'illustre Bobinard laisse Bouffé à trois cent dix-huit lieues derrière lui. Et il ne se lasse pas de le répéter ; mais comme il ne suffit pas que cette vérité soit proclamée de vive voix, et que les intéressés, pour payer la carte, demandent absolument les honneurs de l'impression, Laramure est toujours en quête d'un journalicule dans lequel il puisse faire passer sa prose. Et quand il l'a trouvé, il se précipite sur lui comme le chacal sur sa proie.. c'est de la rage... c'est de la faim.

J'en passe, et des meilleurs !

Tous accourent frémissants à la voix de Victor.

N'a-t-il pas cinq cents francs à dépenser et un journal à fonder ?

Ils s'emparent de lui, ils le circonviennent,

ils lui imposent la loi de leur expérience, ils lui enlèvent son bon sens, ils l'aveuglent!

Les bureaux du journal sont installés rue Saint-Hyacinthe-Saint-Michel, 3, dans la mansarde que vous connaissez déjà. Il n'y a pas de paillasson à la porte.

Le journal s'appelle le *Sphinx*, *journal de la littérature*, *du théâtre et des beaux-arts. Vingt-francs par an, dix francs pour six mois, cinq francs par trimestre, deux francs en sus pour la province. Les lettres non affranchies ne seront pas reçues. On rendra compte des ouvrages dont deux exemplaires seront déposés.*

Le journal s'imprime passage du Caire.

La rédaction se réunit tous les jours pour faire le journal en commun et livrer de la copie aux compositeurs. La rédaction prend aussi tous ses repas en commun, aux frais de la propriété. Laramure mange comme un ogre.

Thérèse, qui voit toujours le succès et la fortune au bout de tout ce qu'entreprend Victor, et le père Lantoine qui ne se permet jamais de discuter ses actions, coupent les bandes du journal et mettent les adresses.

Enfin — le premier numéro paraît.

Il contient une lourde amplification de Miraton sur les doctrines de Trombolinosky, philosophe Polonais, qui vivait du temps des Jagellons, ou à peu près, et qui conseille de ne jamais manger de viande de cheval sans l'avoir salée huit jours d'avance.

Puis vient un petit entre-filet très vénéneux de Childert, qui en quelques lignes trouve le moyen d'injurier platement un galant homme, de diffâmer une pauvre femme de théâtre qui lui a résisté, et de jeter, par une révélation infâme, la honte et le désespoir dans une honorable famille, qui l'a autrefois reçu dans son sein.

Gingembre nous a donné une de ces chroniques moisies qui commencent invariablement ainsi :

« Par la sambleu ! nobles dames et damoiselles, disait par une froide et pluvieuse nuit de novembre le jeune sire de Ville-Hemessant, dans la grande salle du castel de la Ferté-

Vilaine..., je suis vraiment marri et peiné que, etc., etc. »

Et au dénouement, Satan emporte l'âme du jeune sire de Ville-Hemessant.

Vilepo écrivit le compte rendu d'une première représentation à l'Opéra. Nous pouvons donner une idée de ce compte rendu :

« Tout Paris s'était donné rendez-vous dans la salle de la rue Lepelletier. Et quoi d'étonnant à cela? Ne s'agissait-il pas de juger... que dis-je, d'admirer la partition de l'un de nos plus grands compositeurs? Les loges étaient garnies de l'élite de nos femmes à la mode ; madame de R... se faisait remarquer par l'élégance exquise de sa toilette. Elle portait un chapeau sorti des ateliers de l'habile madame Cléopâtre ; sa robe à la vierge, d'une coupe délicieuse, avait été taillée par les ciseaux divins de mademoiselle Nicolaïne. Enfin, notre célèbre Antinoüs, ce véritable coiffeur-artiste, passage Vivienne, 17, avait élevé l'édifice tout aimable de sa blonde chevelure. Que dirons-nous de la tenue supercoquentieuse du jeune chevalier de la M...? Il faisait l'ébabissement de tout le foyer. On voit qu'il est entre les mains de bons faiseurs. L'illustre Bêtogibon s'est chargé de sa tête; Blagmann, qui est venu des bords du Rhin pour habiller Paris avec grâce, donne à ses vêtements une tournure délirante; enfin, le Hongrois Jambokelski, l'un des soutiens les plus distingués de notre industrie nationale, le chausse de main de maître. »

« La musique de l'opéra nouveau a été fort applaudie, et le poëme a été trouvé généralement assez faible. »

De ce compte rendu Vilepo tira pour lui-même habit, veste et culotte, puis une robe et un bonnet de luxe pour sa maîtresse, jeune choriste maigre du théâtre de la Porte-Saint-Martin, qui manquait généralement de tout.

Laramure ne se fit pas faute de livrer à l'impression son élucubration ordinaire :

« Théâtre du ***

« Vraiment la grande critique professe pour

ce joli petit théâtre un mépris trop outrecuidant. Et cependant, aux yeux des vrais connaisseurs, il vaut mieux que beaucoup de ses confrères placés bien plus haut que lui dans la hiérarchie dramatique. On y trouve des talents très naturels, un grand luxe de décors et un soin dans la mise en scène qui fait vraiment honneur à l'administration. C'est sans doute le succès même du théâtre du *** qui provoque la superbe indifférence de la grande critique à son égard. Elle est furieuse que cette prospérité inouïe se maintienne sans son concours. Mais le peuple a pris le théâtre du *** sous son patronage, et le peuple est plus fort que la grande critique. »

« Courage, théâtre du ***, courage, théâtre du peuple, tu es dans la bonne voie ! Tu peux t'énorgueillir de tes triomphes : tu peux être fier de tes acteurs et de tes auteurs ! Tu comptes parmi eux le jeune Chochosogue, qui est aujourd'hui tout à la fois Désaugiers et Théaulon, et qui sera Molière et Corneille quand il le voudra ! C'est son amour pour les classes souffrantes qui le retient au boulevard. Il fournit des couplets aux loisirs de l'atelier, et il fait le mélodrame du pauvre. Son avenir est immense, et son avenir a son point de départ dans ton sein.»

« O théâtre du *** ô théâtre du peuple, tu as le droit aussi de présenter à tes amis et à tes ennemis l'intéressant Bobinard! quel acteur! quelle vérité et quel chic! comme il fume une pipe! comme il boit un verre de vin! comme il danse le pas canaille! quel ivrogne et quel soudard! Tiercelin est retrouvé, Taconnet vient de sortir de son tombeau! Tiercelin et Taconnet revivent dans l'immortel Bobinard. »

Si Laramure l'avait osé, il aurait ajouté en postscriptum :

« Laramure attend ce soir, entre cinq et six heures, Bobinard et Chocnosogue à l'estaminet pour le verre d'absinthe et les conséquences. »

Enfin pour trancher sur le tout, Victor fit une sorte de profession de foi, dans laquelle il définissait en termes dignes et nobles les droits et les devoirs de la presse, et traçait d'avance la ligne de conduite qu'il prétendait suivre à l'avenir.

Il était impossible qu'un morceau éloquent, bien senti, bien écrit, se trouvât en plus mauvaise compagnie. C'était une belle tête sur un très vilain corps. *Desinit in piscem.*

L'active Thérèse plia le journal, et le pauvre père Lantoine qui se serait jeté dans le feu pour son lieutenant, comme il appelait Victor, se mit en course pour porter l'objet à domicile aux abonnés futurs.

Lorsqu'on remit à Victor le premier numéro de *son journal* tout humide encore des embrassements de la presse, son cœur battit. Il tremblait en y jetant les yeux! Mais lorsqu'il lut le travail de ses collaborateurs, il fut honteux de tant de faiblesse, indigné de tant de lâcheté! et il n'y avait pas moyen d'anéantir ces lignes.... et elles étaient signées de lui!

Quand ces drôles revinrent en se frottant

les mains pour *combiner* le second numéro, comme ils disaient, et pour s'asseoir à la table hospitalière de leur rédacteur en chef, Victor les mit à la porte sans qu'aucun d'eux trouvât le procédé un peu leste. Ils étaient habitués à pareille réception et il n'y avait là pour eux qu'une question de temps.

Childert seul (qui l'aurait cru?) Childert se récria; non pas qu'il eût ressenti l'injure, mais il était étonné des scrupules de Victor.

— Ah! ça... mon cher ami... de quel pays d'Esquimaux sortez-vous donc? c'est ainsi que vous entendez le journalisme?.... mais le beau de cette profession consiste à désoler les gens sans qu'ils puissent vous répondre, puisqu'ils n'ont pas la même arme que vous.... à force de mordiller, on fait une plaie et ces plaies là se guérissent difficilement. On n'a pas encore trouvé l'onguent pour la brûlure. Pour un homme qui aime à s'amuser un peu, c'est là un exercice délicieux, ça fouette le sang, mordieu! ça fouette le sang et ça entretient la santé. Je ne prends pas d'autre plaisir tous les matins.

—J'estime, lui dit Victor, j'admire l'homme qui trouve tous les jours en lui-même des forces nouvelles pour châtier avec verve, avec grâce, avec esprit, les ridicules et les folies de son siècle. Celui là rend service aux honnêtes gens qu'il distrait, et à la société qu'il redresse. Ses plaisanteries valent souvent mieux qu'une leçon lourdement donnée, et son rire est un éclair de sagesse. Mais attaquer la vertu, l'honneur, le talent... mais violer le sanctuaire de la vie privée! mais déchirer les réputations à coups de plume, sous le voile de l'anonyme, et se repaître dans son antre, des larmes qu'on a fait couler, du sang qu'on a distillé goutte à goutte! voilà un métier qui déshonore et qui ne peut être exercé que par des misérables.

Childert voulut répliquer. Victor lui ordonna de sortir avec un geste si impérieux et si mençant, qu'il ne se le fit pas répéter deux fois. Et il agit prudemment; car Thérèse, à qui sa physionomie n'avait jamais plu, et l'Invalide, qui regardait un lâche comme un être tout-à-fait exceptionnel, s'apprêtaient à le conduire dehors à coups d'instruments domestiques.

Les résultats matériels de l'entreprise furent loin d'être très brillants; un journal nouveau a toujours beaucoup d'obstacles à vaincre, outre ceux qui résultent de sa constitution même. Ses confrères se coalisent pour l'étouffer; quand ils citent quelque chose de lui, au lieu de le nommer, ils mettent tout simplement *un journal* : il est donc dans le monde de la publicité comme s'il n'existait pas.

Les maîtres de café chez lesquels on le dépose, ne le mettent pas sur les planches et le cachent, afin que leurs habitués n'y prennent pas goût.

Les particuliers auxquels on l'adresse comme *essai*, disent en le recevant; « *Ah! encore un nouveau journal* » et défendent à leurs concierges de le leur monter à l'avenir.

Le premier numéro du *Sphinx* ne lui attira

pas un seul abonné; mais il lui attira une citation en police correctionnelle pour avoir annoncé, sans avoir préalablement déposé un cautionnement, qu'il paraîtrait trois fois par semaine.

Heureusement Victor n'eut pas de peine à prouver sa bonne foi au parquet; il alla spontanément faire ses excuses à la femme que Childert avait outragée, à la famille qu'il avait désolée, et il se trouva guéri pour toujours de la manie de fonder des journaux.

Mais il avait dépensé ses cinq cents francs.

XV

L'Enlèvement.

Au secours ! au secours !

Ce cri retentissait à une heure du matin dans la rue de l'Ouest, — tantôt étouffé, tantôt plus clair. Il partait d'un coupé qui gagnait au grand trot la barrière d'Enfer. Victor, qui rentrait chez lui, — revenant seul d'une excursion dans la campagne, — l'entendit. La voiture venait à lui ; il se précipita au devant des chevaux, et les arrêta avec une main de fer.

La portière s'ouvrit et un jeune homme en descendit aussitôt. C'était Gustave, l'ancien amant d'Amélie.

A la clarté du réverbère, sous lequel la voiture était arrêtée dans ce moment, Gustave reconnut Victor. Il ne put retenir un mouvement de surprise, et s'écria d'un ton courroucé :

— Ah! çà... Monsieur... je suis donc destiné à vous rencontrer toujours sur mon passage... qui êtes-vous?...

— Dans ce moment, c'est moi qui aurais le droit de vous le demander.

— Pourquoi arrêtez-vous ma voiture?

— Pour vous épargner peut-être une mauvaise action...

— Insolent...

— Nous compterons tout-à-l'heure...

— Livrez-moi passage...

— Non pas avant d'avoir visité cette voiture, et de m'être assuré de ce qu'elle contient...

— A moi... Jean...

— Si cet homme fait un mouvement... il y

a encore de la lumière dans cette maison... j'appelle du monde... et alors ce sera la justice qui se chargera de votre punition...

— Vous n'approcherez pas...

— Arrière donc, Monsieur, arrière...

Victor le jeta de côté et s'avança.

Hélas! quel spectacle frappa ses yeux!

Cécile, Cécile évanouie et un mouchoir sur la bouche en guise de baillon, gisait sur les coussins.

— Misérable... s'écria Victor..,

Et il tira la jeune fille de la voiture. Le grand air la rappela peu à peu à l'existence. Elle jeta autour d'elle des regards effarés, reconnut Victor, poussa un cri et se précipita dans les bras du jeune homme, comme pour y chercher un abri contre ses ravisseurs.

— Oui, s'écria Victor, oui, viens sur mon sein, pauvre fille, personne n'osera venir t'y chercher...

— Mais, Monsieur, m'expliquerez-vous enfin, dit Gustave en faisant un pas en avant...

— Cette jeune fille est sous ma protection... je vous défends d'approcher d'elle...

Gustave vit bien à l'air résolu de Victor et à la colère qui agitait tous ses membres, qu'il n'y avait rien de bon à attendre de lui. Il n'aurait pas eu beau jeu à lutter même avec le secours de son laquais, lui, petit, déjà usé par l'orgie et la débauche, contre un homme d'une grande force, et dans la plénitude de la santé et de la jeunesse. D'ailleurs, le bruit pouvait attirer du monde. Il jugea prudent de battre en retraite et de ne pas chercher à reprendre la proie qu'on lui enlevait. Mais il aurait eu honte de se retirer sans se réserver au moins quelque peu des honneurs de la guerre par une provocation que sa réputation de salle d'armes lui rendait facile, il s'approcha de Victor et lui dit :

— J'espère, Monsieur, que nous nous reverrons ?

— Je l'espère bien aussi, Monsieur...

Ils échangèrent leurs cartes ; Gustave s'élança dans sa voiture et partit.

Victor reconduisit Cécile au faubourg Poissonnière. Pendant le chemin, elle lui raconta les circonstances qui avaient précédé et accompagné la singulière violence dont elle venait d'être victime.

Gustave, habitué de son théâtre, lui faisait depuis quelque temps une cour assidue, et aussi active que le permettait la distance à laquelle elle le tenait de sa personne. Déclarations par gestes, lettres, propositions indirectes, il avait tout employé pour faire agréer son amour. Enfin, il se présenta une fois à sa loge et fut reçu comme il le méritait. A cette occasion, madame Blouot se plaignit au directeur de son impertinence et lui fit ôter ses entrées dans les coulisses.

— Enfin, ajouta Cécile, ses persécutions commencèrent à devenir moins vives, lorsque ma mère tomba tout-à-coup malade et chargea une domestique de me conduire au théâtre... Il paraît que cette circonstance réveilla les espérances de ce jeune homme et lui inspira l'idée de cette atroce machination. Ce soir le spectacle avait fini fort tard. J'envoyai ma domestique chercher une voiture. Elle me fit descendre et m'indiqua le coupé que vous avez vu tout-à-l'heure et dans lequel je montai sans trop faire attention à la voiture. A peine y avais-je pris place que la domestique disparut; probablement cette malheureuse avait été gagnée. Puis un jeune homme s'élança à mes côtés, la portière se referma vivement et la voiture partit au grand galop. Je voulus appeler à mon secours. Un baillon intercepta mes cris; mes mains étaient tenues. Ce ne fut qu'à l'endroit où vous m'avez rencontré que je pus, en me débattant avec énergie et désespoir, me débarrasser un peu du mouchoir qui était attaché sur ma bouche et me faire entendre au dehors. Mais j'avais épuisé dans ce dernier effort la vigueur qui me restait et je m'évanouis. Heureusement Dieu vous avait placé là pour me sauver. »

Mais Cécile ne savait pas tout et ne pouvait pas tout dire. Nous devons ajouter quelques détails pour l'intelligence du récit.

Après l'échec qu'il avait reçu ou qu'il

croyait avoir reçu chez Amélie, l'ambition amoureuse de Gustave s'était tournée d'un autre côté. Il n'avait que cela à faire. La réputation de sagesse de Cécile l'avait piqué au vif. Beaucoup de papillons d'avant-scène étaient venus se brûler pour elle à la rampe. Il avait résolu de se mettre sur les rangs à son tour. Celui qui devait triompher d'une vertu aussi farouche était appelé à se faire un beau nom dans le club des amants de cœur. L'efflanqué Gustave voulait avoir cette gloire là. On a vu qu'il se consuma en efforts superflus. Il avait fait part à ses amis de sa tentative; on le plaisanta, on l'échauffa. Si bien qu'un jour il ne se proposa rien moins que d'avoir recours à l'un des expédients des anciens héros de la galanterie. Rien n'est trop rococo pour nos Richelieu modernes : un enlèvement! peste! après tout, il ne s'agissait que d'une fille de théâtre qui ne demandait qu'à être un peu forcée dans ses retranchements, — et en tous cas les conséquences ne pouvaient pas être bien graves. Le club des amants de cœur trouva l'idée magnifique et comme Gustave avait plus de gants jaunes que d'esprit, il ne fut pas difficile de l'enferrer. — Il avait loué une petite maison de campagne auprès de Sceaux, et se proposait d'y mener Cécile pour y passer, comme il disait, le temps de la lune de miel.

On sait maintenant le succès de son entreprise.

Victor remit Cécile entre les bras de sa mère, qui, malgré son état de souffrance, s'était levée, folle, la tête perdue, et voulait sortir pour aller chercher sa fille ; — lorsqu'elle la vit, elle se précipita vers elle et la pressa dans ses bras en l'arrosant de ses larmes.

— Mon enfant... dans quelles transes mortelles tu m'as plongée !... Je croyais t'avoir perdue...

— Oh ! ma mère... sans monsieur... j'étais perdue pour vous... ce jeune homme qui me poursuivait depuis si long-temps... Césarine gagnée... un enlèvement... mes sanglots étouffés au milieu de la nuit...

— Grand Dieu !

— Monsieur est mon sauveur.

— Ah ! Monsieur... que de reconnaissance!..

— Mais, s'écria Cécile, comme frappée d'un triste souvenir... j'ai cru entendre s'échanger entre vous et ce jeune homme des paroles...

— Serait-il possible, Monsieur, un duel ! dit à son tour Madame Blouot.

— Non, madame... une dispute un peu vive seulement... soyez sans inquiétude, et permettez-moi de prendre congé de vous, en vous remerciant de l'estime que vous me portez et que ne mérite pas le faible service que j'ai eu le bonheur de vous rendre.

XVI

Le Duel.

Madame Blouot et sa fille passèrent la journée du lendemain dans des transes mortelles. Malgré les quelques mots ambigus par lesquels Victor avait cherché à les rassurer, elles ne prévoyaient que trop les résultats que devait avoir la scène de la veille. Indépendamment du mouvement bien naturel qui les portait à ne pas voir d'un œil indifférent le danger d'un homme qui s'était exposé pour elles, il s'élevait dans leur cœur, en faveur de Victor, un sentiment qu'elles ne pouvaient elles-mêmes définir.

— Ah ! mon Dieu ! s'écriait de temps en temps la pauvre Cécile... pourvu qu'il ne lui arrive pas malheur !

Et, chose remarquable, cette exclamation, poussée sur le ton non-seulement de la sympathie la mieux sentie, mais encore de la tendresse la plus vive, n'affligeait ni n'alarmait Madame Blouot pour l'avenir de sa fille. Si elle eût été de sang-froid, si elle eût été moins préoccupée, peut-être se fût-elle étonnée elle-même de cet état de son esprit.

L'heure approchait de se rendre au théâtre, et Cécile tremblait déjà à l'idée qu'il lui faudrait feindre la gaîté et jouer le bonheur devant le public, — l'âme déchirée par les plus cruelles appréhensions.

Les deux femmes n'osaient déjà plus se communiquer leurs craintes, lorsqu'un coup de sonnette résonna tout-à-coup dans l'appartement. Elles tressaillirent à la fois, comme si elles eussent été frappées de la même commotion électrique. Etait-ce un arrêt de mort qu'elles allaient entendre? était-ce la voix du salut ?

Le père Lantoine se présenta.

— Pardon , excuse... est-ce à Madame Blouot que j'ai celui de parler...

— A elle-même.

— Alors... suffit... c'est clair... la chose est à son adresse... voici un petit mot dont je suis chargé de la part de M. Victor Lam.... de M. Victor Destaillis...

Madame Blouot saisit la lettre et la lut avec avidité. Cécile, placée derrière elle , regardait par dessus son épaule et lisait en même temps.

— Polisson de nouveau nom ! se disait en lui-même l'invalide pendant qu'elles étaient ainsi occupées. J'ai manqué de faire une bêtise pommée... Aussi pourquoi diable va-t-il se débaptiser si tard... Enfin suffit... cela ne me regarde pas... il veut s'appeler Victor Destaillis.. permis à lui... il m'a bien recommandé de ne jamais faire savoir ni ce qu'il est, ni d'où il sort, jusqu'au jour où il pourra se déboutonner et montrer qu'il est digne d'être le fils de son père... que sa volonté soit faite... je vais veiller sur ma langue... et si jamais il me venait une démangeaison de parler, je me condamnerais moi-même à huit jours de salle de police... ça me donnerait le temps de me repasser un peu plus d'habitude sur le chapitre de la discrétion. Convenu.

La lettre de Victor portait :

« Madame,

« Il y a peut-être bien de la suffisance à moi « de croire que je vous occupe assez pour être « obligé de vous faire parvenir de mes nouvelles « au plus mince accident qui m'arrive. Mais la sol- « licitude que vous m'avez témoignée me donne « peut-être le droit de vous importuner. On « exagérera sans doute si follement les résul- « tats de ma rencontre avec M. Gustave, que « je ne voudrais pas que vous restiez plus long- « temps sous le poids d'une reconnaissance plus « grande que celle qui m'est réellement due. « J'ai eu le malheur de blesser assez griève-

« ment mon adversaire ; j'ai été touché au bras.
« Mais ce n'est rien... — une piqûre, qui ne
« résistera pas à deux ou trois pansements. Il
« est donc tout-à-fait inutile de vous occuper
« de moi. Je prendrai la liberté de vous faire
« sous peu une visite qui me guérira tout-à-fait.

« Victor DESTAILLIS.

« *P. S.* Je vous prie d'accueillir avec votre
« bonté ordinaire la personne qui vous remet-
« tra ce petit mot de ma part. C'est mon plus
« ancien et mon meilleur ami. »

— Quel bonheur, s'écria Cécile! quel bonheur !

— Allons... murmura tout bas Lantoine... en voilà encore une qui l'aime bien... elle est gentille, ma foi... mais dans un autre genre que Thérèse... C'est d'une société plus huppée.

— Mais asseyez-vous donc, Monsieur, dit Madame Blouot à l'invalide.

— Trop honnête, Madame...

— Les amis de M. Victor sont les nôtres.

— Mille fois trop honnête, Madame... Je vous remercie aussi pour lui...

— Il est bien vrai, n'est-ce pas, que sa blessure n'est pas plus grave qu'il ne le dit...

— Un bobo... une égratignure de soldat du pape... Si je n'en avais jamais attrapé que de cette force là, j'aurais dans ce moment-ci mes deux bras pour tricoter, et je ne posséderais pas un nez postiche au milieu d'un vrai visage... dans huit jours il n'en sera plus question...

— Ah! monsieur, dit Cécile, vous ne sauriez croire combien vos paroles portent de consolation dans notre âme...

— Trop honnête, Mademoiselle.

— Et vous savez comment tout cela s'est passé?...

— Pardine... puisque j'étais le témoin de Victor.

— Vous!...

— Moi-même... Il aurait fait beau voir qu'à son premier coup de feu il prît un autre sergent que moi en serre-file. — Il est venu à moi comme ça et m'a dit : je me bats — très bien. — Tu seras mon second — très bien. — C'est demain — très bien. — Procure-toi des épées — très bien. — J'ai trouvé à l'hôtel chez un ancien, un brave homme d'officier, deux petites lames qui sont de vrais bijoux et qui ont dû servir pas mal souvent sous les grands arbres et derrière les remparts. Car l'ancien est un crâne qui en a donné et reçu de toutes les couleurs. Il a un véritable alphabet sur le corps. C'est bon... nous voilà en route. Nous nous installons, Victor et moi, au bois de Boulogne. Il paraît que c'est bon genre de se casser la tête de ce côté là. Autrefois à nous autres, ça nous était indifférent ; on dégaînait sur la première motte de terre, et allez donc. Il est vrai que nous n'avions pas le loisir de choisir notre terrain. Le petit Bonhomme nous menait si vite de Madrid à Berlin. Tel qui croyait dégaîner en Andalousie ne rejoignait son homme et ne recevait son estafilade que sur les bords de la Bérésina, que le ciel confonde ! Mais l'atout n'en était pas moins reçu. Seulement son extrait de baptême était changé. Au lieu d'être Espagnol il était Russe. Voilà tout. — C'est bon. Nous étions venus de bonne heure au rendez-vous et il y avait bien un bon quart d'heure que nous droguions. Les jeunes gens, ça veut toujours trop se presser, surtout quand il s'agit d'une première affaire. Le vieux lapin est plus calme. Il faut ça. Ce n'est pas pour rien qu'on a été gelé, grillé, noyé, éreinté sur tous les points du globe. L'expérience est le fruit des campagnes. Le conscrit ne peut pas en savoir autant que la moustache grise. Chacun son métier et les villes seront bien gardées. — C'est bon. Enfin nous voyons débarquer les ennemis. Vous n'avez pas d'idée de ces boules là... deux vraies figures de papier mâché. Des tailles à tenir dans la jarretière d'une vivandière, et un pied de biche effrayée. Il n'y a qu'à souffler là-dessus pour opérer une démolition complète, et de fond en comble. Il paraît que c'est comme ça qu'on bâtit les hommes à présent ; merci du cadeau. Il n'y a donc plus de pierre, ni de moëllon. Ce n'est pas pour nous vanter, mesdames... mais de notre temps nous valions mieux que ça. J'ai connu dans la trente-troisième légère un tambour-major du nom de Laferrade qui était si grand, qu'il a été obligé de se baisser sous la porte cochère en entrant dans Vienne, capitale du pays d'Autriche.. Et Sajou, donc! mon camarade de lit; il avait un creux de poitrine si satisfaisant que quand il donnait tous ses moyens à Strasbourg, on l'entendait presque à Pontoise...—C'est bon... Je reluque mes individus... Ils avaient l'air de deux vrais casseurs... Le chapeau sur le coin de l'oreille, et le corps se tortillant de çà et de là... enfin un tas d'embarras... je me dis en moi-même : voilà des malins qui ont trop de bec pour avoir du cœur... ça doit être des oiseaux de salle d'armes... ils ont pris tout leur courage chez le père Lapointe, et ils comptent sur des coups de jarnac pour se tirer d'affaire... je ne me blousais guère... J'avais mis le doigt dessus l'infirmité... — C'est bon. Ils s'approchent de nous et disent à Victor : « Où est votre témoin. » — Le voici, répond-il en me montrant.

— « Ah ! ça, c'est une plaisanterie. » — Comment une plaisanterie ? — « Ce vieillard... » — « Ce vieillard vaut les jeunes. » — Mais les convenances... » — « Rougiriez-vous par hasard de vous trouver en face d'un homme qui porte le glorieux uniforme de Marengo et d'Austerlitz. » — « Mais... » — « Allons messieurs, point de discussion inutile... je suis venu ici pour me battre... nous allons nous battre. » — Ah ! je l'avoue, les larmes me vinrent dans les yeux quand j'entendis Victor venger ainsi son vieux camarade et remettre ces blancs-becs à leur place. Dans ce moment là il avait cent pieds de plus qu'eux. Je crus devoir prendre la parole à mon tour et je dis à ces jolis petits messieurs : « Vous n'êtes que des moineaux. J'ai entendu plus de balles siffler à mes oreilles que vous n'avez de cheveux blonds-filasse sur votre tête. Et quand vous étiez encore dans les mollets de messieurs vos pères, j'avais déjà enlevé Sarragosse et autres localités. Je n'ai plus qu'un bras, mais si vous voulez je vais vous prendre l'un après l'autre, et je vous conduirai tambour battant, tout le long de la route royale, d'ici à Rouen, département de la Seine-Inférieure. Qu'on nous prête seulement un briquet.» Malgré l'effet que ce morceau parut leur produire, ils faisaient toujours des difficultés. Alors Victor qui crut voir que c'était un moyen d'éviter la rencontre, maintenant qu'ils étaient sûrs de ne pas avoir affaire à des conscrits, les menaça, s'ils ne s'exécutaient pas sur-le-champ, de leur caresser l'omoplate à tous les deux avec une canne qu'il tenait à la main, et d'aller ensuite publier la chose dans tous les carrefours et petites rues de Paris. Ma foi! il n'y avait plus moyen de reculer et on s'aligna. Je remarquai alors que le nommé Gustave qui en arrivant avait l'air tout à-fait fendant et roulait de gros yeux d'écrevisse en colère, était pâle comme un mort de la veille. Il tremblotta même un peu, c'est ce qui le mit dans la position des Autrichiens à Logrono. Il eut beau faire des passes très gentilles, essayer des coups vraiment curieux, et se débattre comme une mouche dans un plat de lentilles, Victor qui était bien loin d'être aussi habile que lui le poussa au mur avec sa poigne solide et qui ne badinait pas. Il fut embroché, quoi ! et il gardera la chambre plus de trois *pater* et de trois *ave*, si malheureusement ça ne lui joue pas encore un autre tour. Voilà l'histoire de la campagne comme si elle était dans le bulletin..

— Monsieur Victor est bien heureux, dit madame Blouot à l'invalide, d'avoir un ami tel que vous...

—Il y a long-temps que ça dure, madame, et j'espère bien que j'en ai là pour jusqu'à mon dernier soupir... Ces attachements-là ne vous empoignent pas souvent... mais quand ça vous tient... bon soir... on en a son comptant... et si je vous disais... mais motus... il faut que je rejoigne la grande maison... Je vous salue... ne me reconduisez pas.

Ces dames ne purent retenir l'invalide plus long-temps. Il sentait qu'il avait failli compromettre encore une fois le secret de Victor, et il voulait s'en punir par une réclusion forcée de quelques heures. Ces dames l'accablèrent d'amitiés et lui firent promettre de revenir quelquefois pour parler avec elles de son jeune ami.

— Ah! çà... se disait l'invalide,... tout en regagnant la place de la Concorde... je m'y perds... moi... il a une passion dans le quartier Poissonnière, une passion dans le quartier des grandes barbes... Ici il joue sans doute son jeu pour le bon motif.... Et cette pauvre mademoiselle Thérèse... vraiment ce serait dommage... elle si douce, si dévouée et qui l'aime tant... l'autre est bien gentille aussi... Ma foi, il s'arrangera comme il voudra... la chose ne me regarde pas... Mais si jamais il abandonnait mademoiselle Thérèse... je ne l'abandonnerais pas... moi... je lui servirais de protecteur et de père... avec ma paye, on peut encore se permettre des sacrifices... Je lui trouverais un mari... donc... un brave ouvrier qui la rendrait heureuse... et je n'aurais pas de peine, mon Dieu! Elle est jolie, gracieuse, coquette dans sa toilette! une vraie tournure de grande dame! Il n'y a qu'à Paris, ma parole d'honneur, où l'on trouve des petites filles avec des tournures de ce genre-là... Avec une robe d'indienne et un châle de trois francs, elles ont meilleure façon que des receveuses des contributions, et des marchandes en gros de vingt lieues d'ici et même plus loin. J'ai traversé l'Europe en long et en large, et je n'ai vu ça nulle part! Cré coquin ! si j'avais seulement trente-cinq ans de moins!

Le soir au théâtre on parla beaucoup du duel. Gustave était l'un des habitués les plus fidèles de l'avant-scène, et son absence fut remarquée. Du reste, ses amis, lions de première classe, qui fréquentaient beaucoup les coulisses et les loges des rats, ne manquèrent pas, pour se donner un petit air d'importance de propager la nouvelle. Il semblait qu'il dut rejaillir quelque chose sur eux de l'honneur que Gustave s'était acquis par sa blessure. Il est bien entendu que dans le récit de ces messieurs, le plus beau rôle était pour le dandy mis hors de combat. Sa conduite avait été noble et chevaleresque, et il avait eu affaire à une espèce de butor de bas étage qui l'avait démonté par un coup affreux. Ce n'était plus là du duel, c'était du pugilat.

Madame Blouot et sa fille entendirent tout et furent impénétrables. Il eut été impossible de lire sur leur physionomie l'intérêt qu'elles prenaient à toute cette affaire. Elles étaient indignées au fond de l'âme, mais n'en laissaient rien vi r Elles se réservaient seulement de parler et de dire la vérité avec courage, si les bruits de foyer venaient à porter sur la cause du duel. Femmes, elles ne pouvaient prendre la défense d'un homme qui savait du reste si bien se défendre lui-même. C'eut été se livrer à la méchanceté et aux propos injurieux de toutes ces natures perverties. Mais à aucun prix madame Blouot n'eût consenti à laisser mettre en doute l'honneur et la réputation de sa Cécile chérie, de celle dont elle était sûre comme d'elle-même. Elle voulait bien se contenter de la vengeance que la générosité de Victor lui avait assurée. Mais elle était décidée à en chercher une autre encore, si les misérables que désolaient la vertu de sa fille l'y contraignaient.

Heureusement la prudence de Gustave conjura ce danger. Honteux du rôle qu'il avait joué, il avait caché, même à son témoin, le motif de la rencontre. Il avait vaguement parlé d'une dispute au spectacle, de quelques mots échangés. C'est là le bruit qui courut.

Polydore ne s'y trompa pas. Il aimait déjà Victor sans le connaître beaucoup ; tout ce qui le touchait lui causait malgré lui une préoccupation très vive. Dès qu'il entendit prononcer son nom, il prêta l'oreille. Et alors rapprochant les diverses circonstances, confident involontaire de la sympathie qui existait entre les dames Blouot et le jeune homme, instruit des poursuites indiscrètes de Gustave, il ne douta pas que Cécile ne fût pour quelque chose dans les origines de cette tragédie. Mais en homme d'esprit il se tint sur la réserve. Seulement nous serions des historiens infidèles, si nous disions, non pas que l'accident du gant jaune avait réjoui Polydore, mais qu'il eût préféré que le mauvais coup eut été reçu par l'autre que par lui.

Des habitués tels que Gustave et ses amis ne pouvaient plaire à un comédien consciencieux comme Polydore. De leur boudoir de l'avant-scène, ces messieurs troublaient à chaque instant par de stupides simagrées la marche des pièces. Ils venaient au théâtre non pour juger sérieusement les artistes et se distraire à leur jeu, mais pour faire un cours de galanterie de bas étage et s'afficher bêtement. Leurs façons outrecuidantes déplaisaient à tous les honnêtes gens ; et plus d'une fois le peuple des petites places lui-même leur avait donné de rudes leçons de savoir-vivre.

Polydore n'était pas fâché que l'un d'eux, — et le plus fat de tous, — eut été corrigé pour ses impertinences. Il ne voulait pas la mort du pécheur, — bien au contraire ; — il lui souhaitait une guérison complète, guérison de corps et d'esprit. La suite nous apprendra jusqu'à quel point ses vœux devaient être exaucés.

Nous n'étonnerons pas nos lecteurs en disant que la veuve Saint-Brice avait pris une large part à tous les bavardages sur cette aventure. Aussi dès qu'elle eût bien recueilli tous les bruits, dès qu'elle eût longuement formulé son opinion, elle se hâta de monter à la loge d'Amélie avec l'empressement du courrier qui apporte le premier une grande nouvelle politique.

— Tu ne sais pas, Amélie, s'écria-t-elle en ouvrant brusquement la porte...

— Eh bien qu'y a-t-il donc encore?

— Le sauvage...

— Ah!

— Le sauvage qu'il est...

— Il s'appelle Victor Destaillis... vous m'avez dit cela... et il demeure rue...

— Je crois bien... j'ai fait deux ou trois assez longues courses pour savoir ces deux misères-là. Mais ce n'est pas cela... le sauvage.... ah! fichtre... je n'en puis plus... Ces *gueuses* d'escaliers, c'est la mort à la poitrine...

— Mais parlez donc... parlez donc...

— Eh bien... le sauvage s'est battu avec Gustave, et l'a pour ainsi dire tué...

— Grand Dieu !

— Et sait-on ce qui a donné lieu à leur discussion?...

— Ma foi.... on dit un tas de choses...

Un éclair de joie illumina tout-à-coup la physionomie d'Amélie.—Cette pensée lui était venue qu'elle avait pu être elle-même le sujet de la querelle, et cette pensée l'avait tout-à-coup rendue la plus heureuse des femmes, parce qu'elle voyait là, de la part de Victor, un commencement d'intérêt pour sa personne.

Mais tandis qu'elle se complaisait dans cette attrayante fiction, un travail analogue, quoique devant produire des résultats tous différents, s'opérait dans l'esprit de la veuve Saint-Brice. Cette vieille était ingénieuse, surtout lorsqu'il s'agissait de faire ou de dire une méchanceté. Elle vit aussi juste que Polydore; mais sa logique était guidée par la haine, tandis que celle du comédien l'avait été par l'amitié.

— Dis donc, Amélie, fit-elle tout-à coup d'une voix traînante et avec un sourire infernal.

Est-ce que la Cécile ne serait pas pour quelque chose dans tout ça ?...

— Cécile... s'écria Amélie tirée tout-à-coup du plus agréable des songes. C'est impossible..

— Dam ! le petit Gustave la lorgnait beaucoup depuis quelque temps...

— Eh ! que m'importe...

— Et l'autre n'a pas l'air d'être fort vexé de la voir...

— Non... il est plein de franchise.. ne m'a-t-il pas avoué l'autre jour son inclination pour une certaine Thérèse... une petite grisette sans doute... S'il aimait Cécile, il me l'aurait dit....

— Ah ! ouiche...

— Vous savez-donc quelque chose?..

— Moi... je ne sais rien...

— Ne m'avez-vous pas dit que jamais on n'avait vu ni Cécile, ni madame Blouot venir chez lui.

— C'est vrai... la portière de sa maison avec laquelle j'ai lié une légère connaissance à ton intention, m'a affirmé que jamais elle n'avait entreperçu des personnes faites à cette image là....

il ne vient que des hommes chez le cannibale.

— Et cette petite Thérèse, l'avez-vous vue?.

— Jamais... plus souvent que je serais montée chez un pareil *anthorpophage*... C'est bien assez de risquer de le rencontrer à sa porte ; il me fait peur. Probablement que cette Thérèse est enfermée et *casermurée*, car je ne l'ai jamais vue pendant les demi-heures que je suis restée là... Qui sait... peut-être bien qu'il la tient dans un cabinet noir, au pain et à l'eau, et qu'il boit son sang à la pinte... le scélérat !

— La mère, vous continuerez à aller chez cette portière.

— Mais...

— Et vous vous informerez bien si l'on n'a jamais vu Victor et Cécile ensemble, soit récemment, soit autrefois.

— Cependant...

— Je le veux?

La veuve baissa la tête, et se consola en prenant une prise de tabac.

— Oh! dit Amélie en elle-même... je saurai le secret de ces relations.

La blessure de Victor le retint plus longtemps chez lui que l'invalide et lui-même ne l'avaient supposé. Dès qu'il fut rétabli, il s'empressa d'aller au faubourg Poissonnière. Cécile et sa mère le reçurent avec de bien vives démonstrations d'intérêt. La barrière qui sépare une liaison froide et ordinaire d'une amitié chaude et vraie, était levée pour eux. Désormais les circonstances, et aussi je ne sais quel penchant naturel, avaient établi entre eux cette sorte d'intimité où l'on met tout en commun, les joies et les douleurs. On n'arrive ordinairement à cette intimité là qu'après de longs rapports, et par une grande habitude de vivre ensemble. Ici elle était née comme par enchantement, et s'était pour ainsi dire imposée à ceux qu'elle devait rapprocher pour toujours.

Au moment ou Victor allait quitter ces dames, madame Blouot lui dit :

—Monsieur Victor, je me souviens d'une offre

que vous m'avez faite autrefois. Oui... je le reconnais. Deux femmes seules ne peuvent vivre sans un appui. Puisque nous n'avons plus personne sur la terre, venez nous voir quelquefois. Croyez-bien que la confiance avec laquelle je vous adresse cette invitation, m'a été inspirée par la loyauté et la franchise de vos paroles. Nous serons toujours heureuses de vous recevoir.

— Oh ! madame, s'écria Victor, en saisissant la main de madame Blouot, voilà le plus beau jour de ma vie.

XVIII

Madame Metternich.

Il faudrait le crayon de Callot et la plume d'Hoffmann, pour peindre la loge d'un portier du quartier latin. On y trouve un tel mélange de grotesque et de fantastique, que la touche de ces deux grands maîtres serait à peine suffisante à le reproduire.

D'abord l'espace est économisé, dans un quartier ou tous les appartements sont convertis en chambres pour messieurs les étudiants, peu difficiles en matière de logement; car ils ne sont jamais chez eux. Là où d'habiles hôtesses louent quinze francs par mois des trous que ne voudraient pas habiter d'honnêtes souris de province, on ne peut pas laisser beaucoup d'espace au portier. Il faut qu'il se contente de quatre pieds carrés.

Voici comment il utilise le local.

Un établi, — il est tailleur — un établi règne le long de la fenêtre ; c'est là le trône du maître du logis. Un poêle que l'été ne chasse pas, et dont les tuyaux noirs se recourbent en replis tortueux pour gagner une issue, occupe le milieu. Dans le fonds, un grand fauteuil de velours d'Utrecht, qui sert ordinairement de refuge à la digne moitié du Cerbère. Deux chaises boîteuses complètent l'ameublement. Les murs sont tapissés d'images, comme chez les autres portiers ; on y trouve la complainte de Fieschi, le portrait de Napoléon, Abdel-Kader à cheval, et l'héroïque défense de Mazagran. Seulement deux ornements caractéristiques donnent une physionomie particulière à cette loge. Une vieille pipe d'écume de mer, don de quelque étudiant en droit partant pour les vacances, est orgueilleusement suspendue à un clou ex-doré ; elle prouve que le portier du quartier latin a marché avec le siècle, et que dans la société de ses jeunes locataires il a pris des habitudes larges et échevelées. — Plus loin une tête de mort, don de quelque étudiant en médecine partant également pour les vacances, montre sa forme hideuse entre les deux chandeliers de cuivre de la cheminée, et témoigne de la tournure d'esprit philosophique et sceptique de ce même portier. — Un petit médaillon à crochet et qui ressemble assez à la trousse d'un guichetier, contient les clefs de messieurs les locataires. Les carreaux, qui au nombre de huit garnissent la petite porte, sont en verre ou en papier *ad libitum. Ad libitum* veut dire qu'ils sont le plus souvent en papier.

Le lit, ce meuble indispensable pour les rois comme pour les portiers, est dans une soupente qui tient la moitié de la loge — en hauteur — et qui force les visiteurs — ceux-mêmes de la taille la plus modeste — à incliner le front en entrant. Une séance quelque peu prolongée dans la loge, peut mériter à un pécheur exemption de trois journées d'enfer; si ce pécheur est un tambour-major, l'exemption peut aller jusqu'à la semaine.

Le petit escalier vacillant qui conduit à la soupente, n'est pas l'un des enjolivements les moins gracieux de cet intérieur parisien.

Faut-il dépeindre les deux habitants de cette hideuse coquille?

Le mâle se compose d'un bonnet de soie noire, d'une paire de lunettes, d'une veste de tiretaine sans couleur, d'un caleçon de drap et d'une paire de chaussons rapiécés. Il est assis à la façon des Turcs et a la tête constamment penchée sur des vêtements plus ou moins neufs qu'il est occupé à racommoder.

La femelle est plus laide. Elle a pour coiffure un serre-tête multicolore, mais sombre. Son corps est enveloppé dans un casaquin qui a eu des relations très-fréquentes avec l'aiguille et qui sourit encore dans plusieurs de ses jointures. Plus bas pend un jupon de laine jaunâtre qui ondule comme la mer sous le souffle du vent, ou plutôt comme un étang rempli de vase liquide. Les bas sont remplacés par des choses sans nom, — guêtres, chiffons ou tuyaux. Les pieds nagent dans d'immenses savates qui, dans leur contact avec le sol, font un bruit impossible à décrire !

Tels sont les portiers du quartier Latin, en général.

Tels sont les portiers de la maison rue Saint-Hyacinthe-Saint-Michel nº 3, en particulier.

En ce moment jetez, si vous l'osez, un coup d'œil dans la caverne.

Vous verrez la femelle assise sur l'une des chaises boîteuses. La place dans le fauteuil est occupée par quelqu'un que vous connaissez — Madame veuve Saint-Brice.

Le mâle travaille toujours — semblable à ces dromadaires du Jardin des Plantes, qui, autrefois, tiraient de l'eau d'un puits en tournant sans cesse et sans savoir ce qu'ils faisaient.

La veuve qui a une toilette renversante — un châle boîteux à Amélie — une collerette à

Amélie — une robe à Amélie — des bas à coins brodés, — mais un chapeau monstre et des souliers crottés — et qui se trouve avec des gens plus petits et aussi communs qu'elle, — se donne des airs de grande dame. Elle se penche sur le dos du fauteuil, elle se rafraîchit la figure avec son mouchoir, elle minaude, elle grasseye.

— Est-il Dieu possible, Madame Grinchard, dit-elle à la portière... Quoi! vous soutenez que ce cadet là est d'un caractère doux...

— Très doux...

— Ex... ex... ex... cessive... ment... ment... ment... doux, reprend le portier.

— Faites donc taire votre mari, mère Grinchard... il a une manière de parler qui agace les nerfs...

— Grinchard, tais-toi...

— Je... je... me... t... t... tais...

— Cet homme est vraiment fatigant! Enfin... J'aurais cru le garçon en question de mœurs relâchées et féroces...

— Allons donc... M. Victor ?... il est gentil

comme une demoiselle... et bon... comme le pain blanc...

— Vous m'étonnez...

— Il n'y a pas de jour qu'il ne s'informe de notre santé... de ce que nous avons à manger chez nous... et qu'il ne nous fasse descendre les restes de son dîner...

— Oui... de... de... son dî... dî... dîner...

— Faites-le donc taire...

— Grinchard, tais-toi.

— Je..., je... je... me... t... t... tais...

— Vous pouvez vous dispenser de la réponse, brave homme... Et vous êtes bien sûre, madame Grinchard, de n'avoir jamais vu venir chez lui une petite fille blonde... aux yeux bleus... une figure fadasse... une tournure de petite pensionnaire...

— Jamais... je ne connais que Mademoiselle Thérèse, qui est brune... qui a de beaux yeux noirs...

— C'est bon... c'est bon... nous avons entendu parler de la Thérèse...

— Ah! vous... la... la... la... co..... co..... co..... connaissez.

— Madame Grinchard, faites-le donc taire...

— Tais-toi, Grinchard...

— Je... je... je... me... t... t... tais.

— Il tient à son mot... s'écria la veuve... Écoutez... madame Grinchard... j'ai besoin d'avoir souvent des nouvelles de M. Victor...

— Vraiment... vous êtes donc sa mère... sa tante... ou une dame qui lui veut du bien...

— Rien de tout cela... mais la chose vous regarde peu... qu'il vous suffise de savoir que j'ai besoin de ses nouvelles... c'est une bêtise... mais enfin...

— Je co... co... co... comprends...

— Vous ne comprenez rien du tout, vous, avec votre langue au maillot... Madame Grinchard, faites-le donc taire...

— Tais-toi, Grinchard...

— Je... je... je... me... tais.

— Il ne lâchera pas son mot... Vous n'êtes pas assez bête, mère Grinchard, pour ne pas avoir vu du premier coup-d'œil qu'une femme de mon genre, qui est habituée aux grands quartiers, aux quartiers propres et cossus, ne peut s'aventurer et se compromettre tous les jours dans un sale département comme celui-ci...

— C'est visible...

— Alors il faut que vous me rendiez un service...

— Je suis à vos ordres, madame la comtesse...

— Vous viendrez tous les dimanches à midi, rue Coquenard... chez le premier marchand de vins... du côté de l'église Notre-Dame de Lorette...

— Bon...

— Là nous boirons ensemble un petit verre ou deux dans l'arrière boutique...

— C'est bien de l'honneur que vous me faites, madame la baronne...

— Et vous me direz ce qui se sera passé par ici... toujours relativement à M. Victor... s'il a reçu certaines visites, s'il a fait un voyage, s'il a changé d'inclination, s'il lui est tombé un pot de fleurs du sixième étage sur la tête...

surtout s'il lui est tombé un pot de fleurs...

— Je n'y manquerai pas...

— Nous... n'y... n'y... man... man... manquerons pas...

— Faites-le donc taire....

— Tais-toi, Grinchard...

— Je... je... je... me... t... t... tais...

— Que le diable l'emporte avec son mot! et en attendant, Madame Grinchard, que je vous offre des marques plus grandes de ma libéralité, voici une pièce de cent sous que je vous prie de garder en souvenir de moi...

— Vous êtes bien bonne, Madame la princesse.

Madame Grinchard fit une grande révérence, et M. Grinchard, plein de joie d'avoir vu briller une pièce de cinq francs dans la main de son épouse, voulut se lever pour remercier convenablement la grande dame; mais dans ce mouvement, auquel il se préparait d'ordinaire, et qu'il exécuta cette fois sans préparation, son vêtement indispensable tomba sur ses talons. A cette vue la veuve porta vivement son mouchoir sur ses yeux et s'écria :

—Madame Grinchard, faites-le donc asseoir.

— Assis, Grinchard, assis...

— Me... me... voilà... a... a... assis... répondit Grinchard, en rajustant son pantalon aussi bien qu'il put...

— Ma parole d'honneur, continua la veuve, on ne voit de choses pareilles que dans ce quartier-ci...

— Oh ! pardonnez-moi, Madame, reprit naïvement Madame Grinchard... ça peut se voir partout...

— Quel affreux pays ! dit la veuve en se levant et en faisant jouer le ressort de son ombrelle... quel genre! allons... je file... et surtout, mère Grinchard, n'oubliez pas nos rendez-vous du dimanche...

—Soyez donc tranquille, Madame...

—So... so... soyez... donc...

— Madame Grinchard, faites-le donc taire...

-- Tais-toi, Grinchard...

— Je... je... je... me...

— On vous dispense du mot, s'écria la veuve en lui coupant brusquement la parole. Adieu, mère Grinchard...

— Jusqu'au revoir, Madame...

— Père Grinchard... père Grinchard... ce n'est pas la peine de vous lever... pour l'amour de Dieu, madame Grinchard, faites-le donc asseoir...

— Assis, Grinchard...

La veuve Saint Brice sortit en adressant à la mère Grinchard un petit geste de protection. A la porte elle se trouva nez à nez avec le père Lantoine.

— Grand Dieu !... est-il possible... s'écria-t-elle en le voyant...

— Vous vous trouvez mal, Madame, lui dit l'invalide... voulez-vous que je vous soutienne un instant...

— Oui... soutenez-moi... ça ne peut pas nuire...

— Est-ce assez... dit Lantoine au bout de deux bonne minutes...

— Oui... en voilà assez...

— C'est bien heureux...

— Et maintenant, militaire, vous serait-il indifférent de venir dialoguer un instant avec moi dans le Luxembourg...

— A quelle intention ?

— Vous le saurez plus tard... venez toujours... on a des choses de la plus haute importance à vous communiquer... venez donc...

L'invalide se laissa entraîner par la veuve qui marchait d'un meilleur pas que lui.

Lorsqu'ils furent arrivés dans l'allée de l'Observatoire, l'invalide n'en pouvant plus, crut devoir demander à sa compagne de voyage de s'expliquer enfin.

— Militaire, lui dit la veuve en le regardant en face, n'êtes-vous pas Bonaventure-Jérôme Lantoine, ex-artilleur, ex...

— Assez d'ex comme ça... je vous arrête... oui... je suis le susdit Lantoine...

— Oh! je vous avais bien reconnu... vous n'êtes pas très changé, quoique je vous trouve bien vieilli.

— Comment donc que vous arrangez ça?...

— Enfin n'importe... le fond est le même... et vous, ne me reconnaissez-vous pas?

— Ma foi non...

— Regardez-moi bien en face...

— J'ai beau vous regarder...

— Vous m'avez cependant vue bien souvent et dans de drôles de moments...

— Moi ?...

— Même que vous m'avez fait long-temps une cour joliment chaude...

— Je n'ai jamais fait la cour à une dame en falbalas, en chapeau et en montre d'or à chaîne de tra la la...

— C'est qu'autrefois je pouvais me passer de tout cela...

— Mais enfin...

— Comment, artilleur de la vieille, vous ne remettez pas celle dont vous avez fait la rencontre au bal des Cœurs-Volants, celle qu'on appelait la belle ravaudeuse, celle que vous avez tant aimée, celle qui vous a enchaîné dans les liens de l'hyménée...

— Grand Dieu!... Bellotte!... s'écria l'invalide revenu de sa première surprise... Bellotte!!...

— Elle-même...

— Bigre... je ne m'attendais pas à celle-là... Comment! vous êtes encore de ce monde!...

— Vous le voyez bien!

— Ma foi... si vous ne m'aviez parlé, je ne vous aurais pas reconnue...cependant vous n'êtes pas trop changée, quoique je vous trouve diablement vieillie...

— Merci...

—Qu'est-ce que vous faites donc à présent, que vous voilà si bien harnachée...

— Je suis dame de compagnie pour les jeunes filles...

— Et vous leur apprenez...

— La vertu et la décence...

— Eh bien! elles peuvent se vanter d'avoir là une jolie éducation...

— Vous êtes toujours méchant...

— Et vous toujours farceuse...

— Ne parlons pas de l'ancien temps... ma

position est belle maintenant... je pourrai vous être utile, militaire... mon cœur a besoin d'aimer... et si vous vouliez vous souvenir encore du bal des Cœurs-Volants, de la belle ravaudeuse et de mille autres choses...

— Minute... minute... le divorce a passé par là... c'est une affaire bâclée... ni vu, ni connu.

— Ah! si le divorce n'avait pas existé, je vous tiendrais encore...

— Rien que pour ça, je bénis la Révolution...

— Vous voyez que je ne suis pas fière... c'est moi qui vous ai abordé... j'avoue que toutes les fois que je me souviens de ma jeunesse, j'ai quelque chose d'agréable qui me chatouille le cœur... et comme je vous ai connu pendant ma jeunesse... vous concevez...

— Je crois plutôt que vous vous ennuyez de n'avoir plus près de vous personne à faire enrager...

— Ma parole d'honneur...

— Ne jurez pas... c'est encore une de vos mauvaises habitudes ça...

— Je me sens de l'inclination pour vous..,

— Chez moi il y a long-temps que c'est fini...

— Oui, j'en ai de l'inclination... et cependant vous me battiez souvent...

— Avec ça que vous ne le méritiez pas...

— Ma parole d'honneur...

— Encore... faut-il vous rappeler le sergent-fourrier, le tambour-major, l'adjudant, le lieutenant, le...

— Assez... assez...

— Enfin tous les grades... et ces polissonnes d'entailles que j'ai reçues pour soutenir votre honneur, qui avait déjà descendu la garde depuis long-temps...

— Assez... ou je m'évanouis encore...

— Ce sera à vos risques et périls, car je ne vous soutiens plus... vous êtes trop lourde...

— Alors je ne m'évanouis pas... Militaire, écoutez-moi..... je veux vous faire tout oublier...

— Et moi je ne veux rien oublier... cherchez vos dupes ailleurs...

— Est-ce que je pourrai trouver ailleurs d'aussi agréables souvenirs ?...

— Oui... mais les miens ne le seraient pas autant... ainsi...

— J'y tiens...

— Et moi je n'y tiens pas du tout... si vous avez si grand besoin d'une victime, je vais vous en proposer une...

— Je refuse le présent...

— Mais si c'est un particulier que vous avez aussi connu autrefois, et aussi intimement que moi...

— Qui donc ?

— Et qui a plus de droits sur vous que votre serviteur...

— Qui donc? qui donc?

—Eh ! votre dernier mari... celui qui n'a pas pu profiter du divorce...

— Metternich !...

— Lui-même...

— Comment vous savez...

— Je sais tout... je sais que vous avez entortillé cet honnête Allemand et que vous lui en avez fait voir de toutes les couleurs...

— Je ne l'ai pas forcé de m'épouser...

— Oh ! c'est bien sûr... on est tout miel avant le sacrement... ce n'est qu'après ça que la contredanse commence...

— Comment Metternich vit encore !...

— Il se porte comme le Pont-Neuf, depuis son raccommodage...

— Un homme de papier mâché...

— Ne disons pas de mal des absents...

— Un vrai squelette...

— Il n'y a rien qui dure comme ces maigrets-là...

— Où est-il... je veux le voir... il m'en faut un absolument...

— Qu'est-ce que je vous disais... Après ça... lui... c'est le dernier en date... la corvée lui revient de droit...

— Où est Metternich ?...

— Tout près d'ici...

— Allons...

Le père Lantoine qui aimait à rire, la conduisit droit au pensionnat de la rue des Postes.

Non! on ne verra jamais rien d'aussi prodigieusement crispé que la figure de Metternich lorsque sa digne épouse se précipita dans ses bras! « Pellotte, s'écria-t-il d'une voix où la surprise et la détresse mêlaient leurs accents... Pellotte! » Et il se laissa tomber sur sa chaise où il resta un instant les bras ballants, la tête penchée sur sa poitrine, abîmé, anéanti, confondu...

— Oui... c'est moi... mon bon Allemand... Metternich de mon cœur... c'est ta Bellotte bien aimée...

— Pellotte!

— Quand tu auras fini de bâiller...

— Laissez donc respirer cet homme, dit l'invalide qui riait aux éclats... on ne revient pas si facilement d'un coup comme celui-là...

— J'entends bien... mais il y a fin à tout...

— Voilà qu'il revient à lui... patience... voulez-vous un verre d'eau, père Metternich?

—Non... non... terteifle... merci, l'infalide... che ne pois chamais t'eau... si c'était encore un ferre de fin...

— Allons en prendre un dans le quartier... dit vivement la veuve..... à table on cause mieux...

— Pien opliché... Pellotte... pien opliché, mais che ne beux pas sortir...

— Quel chien de métier fais-tu donc ici?

— Che suis... concierge...

— Oui... j'entends... portier... portier... mon Metternich ! c'est intolérable ! je t'enlève d'ici, vieux...

— Fous m'enlefez t'ici?...

— Oui... mes moyens me le permettent... je suis mère d'emprunt... tu seras père d'emprunt... père d'actrice... c'est un état nouveau et qui doit avoir joliment du succès... à nous deux nous aurons l'air bien plus respectable qu'une femme seule... avec ça que tu as un toupet charmant et une tournure de sociétaire de la Comédie-Française... Les débutantes vont se disputer notre possession... notre fortune est faite !

— Nous ferrons, Pellote, nous ferrons...

— Il n'y a pas de nous verrons... c'est tout

vu... le divorce n'a pas encore passé par là et tu m'appartiens... à demain... je viendrai sur les midi... fais un petit bout de toilette... de façon à n'avoir pas l'air trop déchiré... la tenue est nécessaire... reluque-moi un peu... A demain, Metternich; au revoir, militaire.

Après le départ de la veuve, Metternich s'approcha de Lantoine, jeta sur lui un regard languissant et lui serrant la main d'un air de reproche :

— Ah! l'infalide, lui dit-il, che ne me serais chamais attendu à un bareil trait de fotre part...

Ces mots furent dits avec un sentiment si vrai et un chagrin si profond, que Lantoine fut touché et se repentit du mauvais tour qu'il avait joué à son ami.

L'invalide faisait rarement le mal; mais quand il l'avait fait, il savait le réparer. C'était un homme d'expédients.

Quand la veuve revint le lendemain pour mettre la main sur son dernier mari, elle le trouva décampé. Il avait demandé son compte à M. Dufour.

Il avait fait comme les Arabes du désert ; il avait fui devant la peste.

A cette nouvelle, la veuve faillit tomber dans une effroyable attaque de nerfs. Elle se ravisa, afin de réserver toutes ses forces pour la vengeance. Car dans sa fureur elle jura bien que, vivant ou mort, elle rattraperait l'infâme Metternich.

XVIII

Petit-Brie.

Victor était malade de corps et d'esprit. La non réussite de ses projets l'avait jeté dans un abattement difficile à décrire. Depuis son dernier échec, son esprit était en proie à une irrésolution effrayante. Que faire? Que devenir? Fallait-il rentrer dans cette Université dont il avait naguère abandonné la tranquille discipline? Il y avait en lui un sentiment d'amour-propre qui se révoltait contre un pareil parti. Rentrer dans l'Université, n'était-ce pas faire un aveu formel de faiblesse, d'outrecuidance, et demander pour ainsi dire merci pour ses fautes? De quel front supporterait-il les regards de ses anciens collègues, dont il avait naguère dédaigné les paisibles et obscurs succès? Un homme du caractère de Victor ne pouvait accepter de gaîté de cœur une pareille humiliation. Et puis, malgré ses échecs, il avait encore confiance en lui-même. Il accusait le sort, l'injustice des hommes, mais il ne s'accusait pas. Il fallait triompher de la mauvaise destinée : mais, hélas! pour entreprendre cette lutte, il avait plus de courage que de ressources!

Et puis, Victor s'était accoutumé à cette vie libre, indépendante, aventureuse, à laquelle un jeune homme ne peut plus renoncer dès qu'il l'a connue, et qui lui fait détester le joug le plus léger. On n'a pas, il est vrai, une existence aussi sûre, on n'a pas son couvert mis tous les jours, comme le commis de magasin ; on ne touche pas ses appointements à la fin de chaque mois, comme le sous-lieutenant. Mais on n'est pas là ou ici à heure fixe, mais on ne reçoit pas les ordres d'un patron ou d'un capitaine, mais on est son maître et son seul maître! C'est la vie des artistes et des insouciants! Elle effraie les esprits positifs, elle leur paraît même absurde, et elle est le texte habituel de leurs sarcasmes et de leurs moqueries. Ils la ridiculisent à cause de la peur extrême qu'ils en ont. Et, au fait, pour eux elle est non seulement insoutenable, mais même incompréhensible. Oui, il y a à Paris de ces audaces, de ces mystères d'existence devant lesquels reculerait en poussant un véritable cri d'effroi le bourgeois de province, si on les exposait devant ses yeux. Eh bien... je le répète... ceux qui ont osé aborder cette vie de privations et de dangers, ceux qui y ont été entraînés par la nature, y ont trouvé de véritables jouissances et de magnifiques compensations. Ils se sont quelquefois, par leur poétique abnégation, élevés tellement au-dessus de tout ce qui existe, au-dessus des hommes, au-dessus de la fortune et des rangs, au-dessus de ce qui préoccupe notre misérable engeance; ils se sont trouvés à des hauteurs si prodigieuses, qu'ils ont goûté dans ces espaces une volupté immense, volupté connue d'eux seuls, inconnue à tous les autres, et qui, par cela même, avait plus de charme encore. Ainsi, le savant qui, dans une fragile nacelle, et emporté par la force d'un gaz ingénieusement comprimé, va chercher une place au milieu des nuages, jette de là-haut sur notre pauvre terre un coup-d'œil de pitié, se sent heureux d'être dégagé de tous les liens qui l'y attachaient, et se complaît dans un sentiment de supériorité qui a quelque chose de calme, de grand, d'isolé, de délicieux.

Il est encore un bonheur qui, dans cette vie d'artiste, soutient et anime ceux qui la mènent franchement et sans arrière-pensée. C'est que les yeux sont toujours tournés vers un avenir caché, — qui peut être médiocre, — qui peut être grandiose, — mais qui est caché. Le secret est l'aliment du travail des imaginations. Le commis de boutique sait qu'il deviendra patron, — le professeur, inspecteur de l'Université, — l'officier, Général, — l'expéditionnaire, chef de bureau, — au bout d'un long temps d'obéissance, après avoir passé par tous les degrés de la hiérarchie, et encore en estimant l'avenir au plus haut.

L'indépendant, — qu'il soit peintre, — musicien, — homme de lettres, — comédien, — aventurier, — n'espère rien et espère tout. Il peut être soulevé tout à coup par l'un de ces accidents heureux qui mettent un homme au pinacle. Il peut, d'un seul, d'un premier bond, atteindre la gloire, — et la gloire, c'est la fortune, c'est la considération, c'est la position acquise. Comparez donc le sort du marchand le plus aisé, du chef de bureau le plus estimé de son ministre, de l'officier le mieux placé sur le tableau d'avancement de son corps, avec celui du peintre que son tableau à l'exposition pose tout à coup au premier rang, de l'auteur qui obtient un grand succès sur notre première scène, du comédien qui, par une belle création où il s'est révélé, s'élève tout à coup à côté des Lekain et des Talma ! Non... rien n'est plus haut, rien n'est plus enviable que de semblables fortunes, et je ne sache pas d'âme un peu grande et généreuse qui ne les préfère à toutes les positions régulières du monde.

Vous m'objecterez que pour que mon raisonnement soit solide, il faut que je mette le talent de la partie. Sans nul doute. Je n'ai jamais prétendu faire asseoir au banquet de la gloire les fous, les paresseux et les imbécilles. Que l'estaminet, les pipes culottées, la casquette teutonique, les cheveux à la Périnet Leclerc et toutes les gentillesses de ce genre cherchent un autre patron que moi.

Vous m'objecterez aussi que pour mener cette vie là, il faut de la jeunesse. Eh, mon Dieu ! qui vous dit le contraire ? Trouvez-moi donc beaucoup de plaisirs réels qui se puissent goûter en dehors de la jeunesse ? — Vous me citerez l'ambition. — C'est vrai ! L'ambition est le plaisir des cheveux gris ? Triste plaisir, que celui qui épuise, qui torture, qui consume, qui pousse vers la tombe ? N'a-t-il pas tous les symptômes de la douleur ?

Pour calmer les agitations de son âme, Victor avait coutume de faire de grandes courses dans les environs de la ville. Lantoine, que son état inquiétait, ne manquait jamais de le suivre. Thérèse l'accompagnait quelquefois, mais le plus souvent elle prétextait l'état de sa santé : c'était un mensonge ; elle restait pour travailler, la pauvre fille ! Depuis long-temps elle dissimulait à Victor l'état de ses finances. Elle ne lui disait pas que toutes ses économies étaient épuisées, et qu'il n'avait plus de ressources. Et pour cacher son pieux mensonge, elle travaillait le jour, en son absence, la nuit, pendant son sommeil. Elle subvenait ainsi aux besoins de la petite communauté, et sans que Victor se doutât de rien. Mais ses forces s'épuisaient tous les jours, et quand pour rester à la maison, elle disait à Victor que sa santé ne lui permettait pas de sortir, il n'avait qu'à la regarder pour ajouter pleinement foi à ses paroles.

Un jour Victor, accompagné du père Lantoine, promenait ses ennuis dans le magnifique bois de Vincennes, le seul asyle un peu champêtre que la générosité calculatrice de la liste civile ait laissé aux malheureux Parisiens. Il suivait l'une de ces allées si fraîches qui conduisent de l'ancien couvent des Minimes à la Porte de Nogent; ses yeux se reposaient avec plaisir sur ces beaux tapis de verdure qui s'étendent sous le dôme mystérieux des arbres, jusqu'en des profondeurs d'un sombre attrayant et où l'œil se perd avec délices. Le chant des oiseaux qui, en se répondant, avaient organisé un doux concert, — ce chant qu'on n'entend pas à Paris, — qu'on n'entend pas à une lieue de Paris, — chatouillait délicieusement son oreille. Des bruits d'une mélodie sourde arrivaient jusqu'à lui, du sein de la terre, de la corolle des fleurs, du fond des buissons, du milieu du feuillage. Le vent en se jouant doucement dans les arbres, venait joindre son murmure à l'harmonie générale. Les plantes, les insectes, les oiseaux, les arbres, les buissons, l'herbe et le vent, tout lui parlait. Il se laissait aller à ses émotions. Tout ce travail de la nature répondait aux battements de son cœur et ravivait ses idées. De temps en temps un rayon de soleil pénétrant à travers l'épaisseur de l'ombrage, venait expirer à ses pieds après s'être brisé sur l'herbe et y avoir exécuté mille jeux brillants. Il lui semblait qu'après un long sommeil il revenait à la vie ; il lui semblait qu'il recouvrait toutes les douces sensations de ses premières années. Il recommençait l'existence. Il y avait long-temps qu'il n'avait été aussi heureux.

Il marchait lentement, plongé dans ses réflexions et suivi du fidèle invalide qui était enchanté de le voir si calme.

Tout-à-coup ils entendirent derrière eux comme le frôlement d'une robe.

Victor se retourna vivement. Quelle fut sa joie, lorsqu'il reconnut Mme Blouot et Cécile.

Certes, aucune rencontre ne pouvait être plus agréable pour lui en ce moment. La vue de ses deux amies venait compléter la félicité dont il jouissait. Le sentiment qu'il éprouvait pour elles s'accordait si bien avec l'état tranquille et pur où se trouvait son âme, qu'il semblait que Dieu les eut amenées tout exprès pour lui faire savourer l'une des heures les plus douces de la vie ; — l'une de ces heures dont on se souvient encore après bien des années. Sa joie fut si grande et si vive, qu'il n'eût pas la force de la dissimuler suivant les convenances du monde. Il se livra à l'un de ces élans du cœur, si familiers aux enfants et aux hommes de la nature, — et que nous préférons, pour notre part, à toutes les simagrées froides et hypocrites de notre politesse de convention. Il s'élança d'un bond vers ses amies, leur prit tour-à-tour les mains qu'il serra dans les siennes et marcha un instant devant elles, en faisant mille folies!

— Comment !... c'est vous... s'écria-t-il enfin...

— Oui, répondit madame Blouot... Cécile ne joue pas aujourd'hui, et nous profitons du beau temps pour aller voir un ami que nous n'avons pas visité depuis long-temps...

— Je croyais que vous n'aviez plus d'amis sur la terre !...

— Malheureusement, celui-là ne peut plus compter pour nous... il est bien vieux... et aveugle...

— Pauvre homme...

— C'est un vieux soldat qui m'a rendu autrefois un bien grand service... il n'avait pas le temps voulu pour avoir la pension, et il s'est mis à travailler dans son pays après avoir quitté l'armée... Tout-à-coup cette affreuse infirmité est venue l'atteindre... Il a fallu renoncer au travail, sa seule ressource... et il avait sa femme à nourrir !... le malheureux !... Cécile et moi, nous lui faisons tenir tous les mois un petit secours qui suffit à le faire vivre... plus tard... dès que nous le pourrons... nous ferons davantage... Nous avons profité de l'occasion qui s'offrait à nous aujourd'hui pour porter nous-mêmes notre cadeau au vieux soldat...

— Cré coquin, c'est joliment bien tout de même, se dit à lui-même l'invalide en essuyant furtivement une larme...

— Toujours bonne, s'écria Victor...

— La reconnaissance doit-elle donc compter pour vertu?

— le but de votre voyage est-il encore bien éloigné?

— Nous allons à Petit-Brie... à une lieue au-dessus de Nogent...

— Voulez-vous me permettre d'être votre compagnon de voyage...

— Comment donc... dit Cécile sans donner à sa mère le temps de parler... c'est une offre très-aimable et que nous acceptons...

— J'avais trop bien commencé la journée pour ne pas la bien finir... reprit Victor!

— Oh! de la galanterie, dit madame Blouot.

— Non... ajouta Victor... mais de la bonne et franche amitié...

— A la bonne heure, s'écria Cécile...

— Mon vieil ami, dit Victor en tournant vers Lantoine, si le chemin t'effraie, tu es libre de retourner à Paris.

— Allons donc! s'écria l'invalide... ce chemin là m'effrayer!... j'en ai vu bien d'autres du temps du grand chef de file... Les jambes sont encore bonnes... et d'ailleurs avec ces dames, est-ce qu'on n'irait pas jusqu'au bout du monde?

— Excusez mon vieil ami, dit Victor un peu confus...

— Comment donc, reprit Cécile, en se tournant vers l'invalide et avec un sourire tout gracieux... mais nous trouvons le compliment de Monsieur charmant, et nous sommes heureuses de profiter de sa compagnie.

— Sapristi de petites femmes, se dit encore l'invalide! comme elles savent vous tourner ça... C'est vrai que pour elles on irait jusqu'au bout du monde.

On s'arrêta un instant à la Porte de Beauté, chez le fameux Girault, la providence des voyageurs altérés et des jolis couples auxquels l'amour n'a pas ôté l'appétit.

A table, Victor fut d'une gaîté communicative. Il avait retrouvé toute sa verve, toute la fraîcheur de ses idées. On aurait dit qu'il n'avait point passé par les rudes épreuves qu'il venait de subir et qui avaient déjà jeté tant de sombres rides sur sa physionomie. Il fut charmant. C'était tout à fait le Victor d'autrefois.

L'invalide ne le perdait pas de vue, et se réjouissait en le voyant si heureux.

— Allons, se disait-il, il paraît décidément que cette petite demoiselle là fait bien de l'effet sur lui... je l'aime déjà... rien que pour ça... Si elle pouvait me le mettre tout-à-fait à son premier port d'armes... Dieu ! que je lui voudrais de bien ! mais cette pauvre Thérèse ? Pourquoi faut-il que ce qui fait la joie des uns, fasse le désespoir des autres !... Ma foi laissons agir la Providence... auprès d'elle je ne suis qu'un clampin.

On se remit à marcher, on laissa à main gauche la route de Strasbourg, on monta le chemin qui conduit au bourg de Nogent, chemin tout bordé de jolies maisons de campagne et d'où la vue embrasse l'une des vallées de la Marne les plus pittoresques, et les plus délicieusement accidentées. Des peupliers dont les crinières ondoyantes se balancent mollement sous les caresses du vent suivent tous le cours de la rivière ; les eaux d'un cours paisible tranchent, par leur teinte d'un bleu clair, sur le fonds vert-sombre du paysage. Partout la plus riche culture réjouit les yeux. Çà et là de délicieux cottages se cachent au milieu des bouquets d'arbres. Nous allons bien souvent au loin — en Suisse, aux bords du Rhin, dans le Tyrol — chercher des points de vue champêtres, quand nous en avons à nos portes. Il est vrai que pour les trouver il faudrait faire deux ou trois lieues ; et ma foi, le Parisien habitué aux Champs-Élysées, au Jardin des Plantes et tout au plus à la butte Montmartre et au pseudo-bois de Romainville, quand il s'agit de faire trois lieues, aime tout autant en faire cent ou cent cinquante. Cela ne le dérange pas davantage de ses habitudes.

Après avoir suivi la route poudreuse qui conduit à travers champs de Nogent à Petit-Brie et traversé le pont qui, par son malencontreux droit de péage, rappelle tout-à-fait les ponts de Paris — (un droit de péage en pleine campagne! O civilisation !) — nos voyageurs firent leur entrée dans le village.

Petit-Brie n'est point un village comme ceux des environs de Paris — comme Nogent par exemple, où l'industrie étale ses produits et affecte des grosses allures de rue Vivienne, — ou comme Auteuil dont les éléments villageois disparaissent tout-à-fait sous la couche de bourgeoisie — ou comme Romainville qui est habité par les laitières que nous trouvons tous les matins sous les portes cochères de la ville, par leurs époux, conducteurs de ces voitures matinales que nous voyons stationner au coin des bornes, — et qui n'a d'autre occupation champêtre que de composer tous les jours du lait avec de l'eau, divers autres ingrédiens difficiles à nommer et le moins de lait possible.

Nogent est un bazar, Auteuil un pavillon, Romainville une fabrique. Petit-Brie, sauf son malheureux pont, commence à être la campagne. On n'y trouve point de ces pauvres petites villa bourgeoises blanchies à la chaux qui avec leurs deux étages, leur petit jardin et leur pigeonnier, rappellent tout-à-fait les maisons de campagne des faubourgs Saint-Denis, Saint-Martin et de la barrière de la Villette. Les deux ou trois seules habitations que la ville s'y soit réservées sont grandes, majestueuses, entourées d'un vaste parc et présentant tout-à-fait l'aspect des anciennes résidences seigneuriales. L'une d'entre elles, bâtie récemment, est tout-à-fait le château de nos jours avec sa froide régularité et ses vastes dépendances. Une autre est un reste de ce charmant dix-huitième siècle, qu'il est bien permis à la fantaisie de regretter — sinon à la morale. Le coquet édifice est caché au fonds d'un bois; on voit qu'il n'aime pas à se montrer à tout le monde, et qu'il réserve ses jouissances pour les intimes. Seulement — sur le devant — deux jolis pavillons et une terrasse plantée de tilleuls annoncent aux passants la présence du maître. Les appartements sont petits, commodes, d'un dégagement facile et disposés pour le plaisir.

Les meubles du temps les garnissent encore et protestent par la piquante originalité de leurs formes contre notre élégance régulière et compassée. Des peintures imitées de Boucher et de Watteau par quelque habile artiste de l'époque, s'épanouissent gaîment sur les trumeaux, les boiseries, le haut des cheminées. Il y a des moutons, des houlettes garnies de faveurs bleues et roses, des Tircis en coiffure à poudre, des Chloé en jupon de satin, des petits amours bouffis, des Vénus en grands paniers et des Mars ressemblant à M. le maréchal de Saxe — enfin toute cette bergerie pimpante dont s'inspira la muse du chevalier de Florian, — toute cette mythologie à la vanille dont les *Lettres à Émilie* furent plus tard un pâle reflet !

L'habitation du dix-huitième siècle est une petite maison qui imite le château, tandis que l'habitation de nos jours est un château fait comme une grande maison. Un fabricant de produits chimiques, ou un conseiller général préférera la seconde; la première sera plus du goût d'un artiste, d'un écrivain, d'un homme de loisir. Dans l'une on appartient à tout le monde, dans l'autre on n'appartient qu'à soi. L'une vous dit : passez et saluez; l'autre : passez et laissez-moi tranquille.

Les deux siècles se peignent sur ces deux physionomies de pierre.

Les paysans de Petit-Brie n'habitent pas de ces maisons à sept ou huit étages que l'on voit à Passy, à Vincennes, à Belleville— où le nombre des locataires nécessite l'emploi d'un concierge, ou tout au moins d'un portier ;—ce qui fait que le cultivateur en se rendant dès l'aurore à son champ ou à sa vigne, est obligé de demander le cordon! Les maisons de Petit-Brie sont de jolies chaumières tapissées de vignes et ombragées sur le devant par des pommiers en fleurs. Elles sont isolées comme de vénérables chaumières de Normandie où de Bretagne, et ont leur basse-cour bien fournie, — non pas en poulets étiques achetés la veille à la ville et auxquels on est toujours prêt à tordre le cou pour le plaisir des Parisiens affamés, —

mais en beaux coqs familiers, en bonnes couveuses, en canards bien accouplés et qui barbottent dans la mare séculaire.

A Petit-Brie, on trouve la vénérable et grande ferme avec ses nombreux valets, ses bœufs mugissants, ses chevaux de labour qui remplissent l'écurie, ses charrues artistement rangées, ses troupeaux qui sortent dès l'aurore et rentrent à la tombée du jour, sa cour remplie de fumier, — sa cour animée, vivante, ou le bruit de mille créatures de toutes les espèces, mais toutes utiles et productives, forme un agréable concert.

Ce n'est plus la culture factice des maraîchers de la barrière du Trône qui font pousser côte à côte des carottes et des œillets sur des terres rapportées, — ni celle des campagnards industriels de Montreuil et de Fontenay-sur-Bois, qui étalent au soleil la pêche et l'abricot sur leurs murs et les engraissent artificiellement, à peu près comme les Félix de Strasbourg engraissent le volatile infortuné qui fournira son foie aux fameux pâtés du pays. Ici c'est la belle et large culture telle que Dieu l'a faite, travaillant en pleine terre et lui demandant ses plus belles moissons.

Les paysans de Petit-Brie vont à la messe, ne lisent pas de petits livres encyclopédiques et ne se moquent pas trop de leur curé.

Il ne s'est point encore établi entre Petit-Brie et la capitale de ces affreux moyens de communication que l'on appelle réguliers et qui transportent *subito* toute une rue de Paris dans la campagne. Petit-Brie a été heureusement oublié dans les prévisions et dans les calculs de nos entrepreneurs de Messageries. C'est à peine si un coucou indépendant vient de temps en temps chercher fortune de ce côté-là. La course est trop longue pour que le pêcheur de Paris le plus intrépide — et il y en a cependant de bien intrépides! — songe à y venir jeter ses hameçons. On voit bien par intervalles rôder dans ces parages lointains des canotiers fashionables dans leur tenue de bal Musard; ils ont sans doute remonté la Marne dans l'espoir de découvrir des terres inconnues, ou de faire admirer leurs grâces par de simples et naïves provinciales. Mais ils sont tout-à-fait désappointés, car ils ne rencontrent que de grosses et vraies paysannes qui leur rient au nez, et des naturels du pays qui sont assez peu civilisés pour rire avec les paysannes. Ils ont besoin de refaire leurs forces épuisées par une course de quatre ou cinq lieues sur l'eau et à contre-courant. Mais ils ne trouvent là ni les beffteacks de Charenton, ni les poulets de Saint-Maur. Il faut se contenter d'un morceau de fromage et d'un verre de petit vin du crû offerts par une douteuse hospitalité. Ils sont de retour à Paris vers cinq heures du matin avec une faim atroce, une courbature de tous les membres, une toilette très négligée, une envie de dormir complète, — et souvent pour s'achever ils se heurtent aux piles du pont Notre-Dame, et sont repêchés par des bateliers assez compâtissants pour vouloir gagner la prime de vingt-cinq francs par tête. Soyez tranquilles; ces hardis navigateurs ne tourneront plus vers la Haute-Marne la poupe de leurs navires. Ils se contenteront des excursions au pont de Bercy, et des voyages de long cours qui finissent à la pointe de l'île Saint-Louis.

Madame Blouot s'arrêta devant une petite maison rouge et blanche qui présentait aux rayons du soleil ses murs lézardés et ses fenêtres garnies de fleurs grimpantes. Aussitôt qu'elle eût poussé la grille en bois qui fermait l'entrée du jardin, un gros chien accourut et se mit à aboyer d'une façon toute joyeuse et à caresser la main que lui tendait la mère de Cécile. Le bruit fit accourir les propriétaires du logis — d'abord une femme, bonne vieille paysanne, en jupon rayé et les cheveux gris au vent, — puis un vieillard à la taille élevée, dont une main était appuyée sur un bâton noueux et dont l'autre, tendue en avant, l'aidait à se diriger dans sa marche et remplaçait pour lui la vue qui manquait à l'appel, comme aurait dit le père Lantoine. Ce vieillard, paraissant tout à coup sur le seuil de la chaumière, était bien la représentation exacte de ce soldat laboureur, de ce vieux sergent de la chanson qu'ont évoqué les grands poètes de la Restauration et dont quelques poètes chevelus ont trouvé bon, depuis quelques années, de railler la glorieuse sentimentalité. — Sa moustache grise, sa tête coiffée militairement d'un bonnet de police bien usé, sa blouse qui laissait apercevoir un petit bout de gilet militaire, son pantalon de coutil flottant sur le haut du pied, sa guêtre blanche et coupée à la mode des tailleurs des régiments de 1810, permettaient à l'observateur le moins exercé, de lui assigner sa date et de lui dire ses antécédents.

A sa vue, l'invalide ne put se défendre de cette émotion qui saisit un vieux soldat à l'aspect de l'un de ses compagnons de gloire et de dangers.—Plus les rangs des héros de Friedland et de Champ-Aubert s'éclaircissent, plus la sympathie qui les unit se resserre et prend de force. — Puis, après avoir considéré quelques temps le laboureur, il se mit à dire en lui-même : « il me semble que j'ai déjà vu cette boule là quelque part. »

— Comment c'est vous, Madame Blouot ?

fit le vieil aveugle... Je vous ai bien reconnue à la manière dont Marengo aboyait...

— Oui... c'est nous... il y a si long-temps que nous ne vous avions vu...

— C'est vrai... il y a bien long-temps... et votre demoiselle est-elle avec vous ?

— Oui... me voilà... père Millet... dit Cécile en mettant ses petites mains blanches dans les larges mains calleuses du soldat...

— Et nous amenons avec nous deux amis, reprit madame Blouot...

— Qu'ils soient les bien venus... Mais entrez donc... entrez donc... vous allez prendre quelque chose.

L'aveugle passa le premier et dirigea ses hôtes avec cette précision que lui donnait l'habitude du lieu. Il donna une chaise à l'un, un escabeau à l'autre, et plaça chacun d'une manière convenable. On n'aurait vraiment pas dit dans ce moment qu'il était affligé de la plus horrible des infirmités. Il mettait lui-même une certaine coquetterie à ne pas paraître embarrassé dans l'arrangement de tous ces détails.

Par ses soins, un joli goûter fut bientôt dressé. Des fruits, du laitage, du pain bis en firent les frais. Cécile trouvait tout cela délicieux; placée entre sa mère et Victor, elle jouait, elle riait, elle agaçait Marengo et le faisait courir. L'invalide regardait de temps en temps le père Millet avee curiosité, et disait en lui-même : « je ne sais pas, mais il me semble que j'ai déjà vu cette boule là quelque part. » Puis il ajoutait : « après ça j'en ai tant vu! »

En quittant la chaumière, madame Blonot remit à Millet ce qu'elle avait apporté pour lui. Il voulut remercier ; la brave dame lui imposa silence. Le soldat ne put retenir une larme qui coula sur sa joue ridée. Il y a une manière de faire le bien qui cause plus de plaisir à l'obligé que le bien lui-même.

Au bas de la côte de Nogent, nos promeneurs renoncèrent à traverser le bois pour suivre les bords de la Marne, jusqu'à Saint-Maur. Il était impossible d'avoir une meilleure idée. Cette pelouse émaillée de primevères et de marguerites, qui s'étend de Nogent à Joinville-le-Pont, sur les bords de la Marne, est bien la plus magnifique chose qu'il soit possible de voir. D'un côté le bois de Vincennes, clos par un vieux mur qui a son charme au point de vue pittoresque, étale toutes ses séductions et tous ses ombrages; le fonds de Beauté descend vers le promeneur en amphithéâtre de verdure, et semble lui offrir ses bouquets odoriférants et ses bocages mystérieux. De l'autre côté un rideau de majestueux peupliers et la Marne avec ses eaux douces et coquettes, forment une barrière nouvelle du plus gracieux effet. Enfin, si vous voulez jeter les yeux sur la rive opposée, vous avez des plaines d'un tapis admirable, des parcs aux séduisants abris, et le pont de Joinville qui se dessine dans le lointain avec ses formes arrêtées et son élégante architecture.

Nos promeneurs furent émerveillés de la magie de ce spectacle; il commençait à faire nuit et la lune en se jouant sur l'herbe et sur le feuillage, ajoutait encore par sa mélancolique lumière aux charmes qu'ils y trouvaient. Ils marchèrent lentement, en se livrant à de douces et intimes causeries. A Saint-Maur, un coucou, voiture antique et trop dédaignée, les reçut tous dans son sein. Au bout de deux bonnes heures ils étaient à Paris. — Ce n'est pas trop long pour un coucou.

En se séparant on se félicita mutuellement de l'heureux hasard qui avait présidé à la rencontre du bois de Vincennes.

Tout en regagnant son logis, Victor disait :

Il y a long-temps que je n'ai passé une aussi agréable journée.

Et l'invalide disait de son côté en regagnant l'hôtel :

Décidément je suis sûr d'avoir déjà vu cette boule là quelque part.

XIX

Les Livres.

Quelques jours après, Thérèse qui avait plus consulté son énergie que ses forces se trouva très sérieusement malade. Au moment de sortir pour aller en cachette chercher de l'ouvrage, elle s'évanouit tout-à-coup entre les bras de Victor. Celui-ci, après lui avoir donné les premiers soins, descendit vîte chez la portière.

— Madame Grinchard, lui dit-il, allez de suite me chercher un médecin.

— Qu'est-ce qu'il y a donc, mon doux Jésus, est-ce que vous seriez pris du mal caduc ou d'un coup de sang...

— Ce n'est pas pour moi...

— Et pour qui donc, mon doux Jésus?

— Pour Thérèse...

— Ah! c'te pauvre jeunesse, je me doutais bien depuis long-temps que cela lui arriverait...

— Comment... vous vous doutiez bien...

— Ah! vous ne vous en aperceviez pas... monsieur Victor... je crois bien... elle se cachait de vous comme du loup blanc...

— Mais... finirez-vous?...

— Elle disait qu'elle allait chez la fruitière, et elle courait vite chercher ou reporter de l'ouvrage... Et puis, quand vous étiez couché, elle se levait en tapinois et se mettait encore à travailler à la chandelle jusqu'à des deux heures du matin...

— Grand Dieu!

— Peut-on se tuer le tempérament comme ça?...

— Allez vite chercher le médecin, madame Grinchard, allez vite...

Lorsque Victor fut de retour auprès de Thérèse, il lui prit la main et lui dit avec tendresse :

— Je connais la cause de tes souffrances, Thérèse... La mère Grinchard vient de tout me révéler...

— Quel malheur !...

— Non... elle a bien fait... Thérèse... pourquoi ne m'avoir pas dit qu'il ne nous restait plus d'argent?...

— Je craignais de t'affliger...

— Bonne Thérèse...

— Et je désire tant que tu deviennes un homme distingué...

— Merci, ma bonne Thérèse, merci... Mais je ne veux plus que tu travailles ainsi, que tu perdes ta santé... que tu abîmes tes jolis yeux... C'est à moi maintenant à faire des efforts et des sacrifices... Je secoue le découragement qui s'était emparé de mon âme depuis quelque temps... Je vais aller chez les libraires demander de l'ouvrage... de cet ouvrage qui rapporte de l'argent tout de suite... J'abandonne un instant la poésie de la littérature, pour arriver à la réalité... Et puis, dans mes moments de loisir, je travaillerai pour le théâtre... là... le soir... à côté de toi...

— Oh! mon ami, que je t'aime, lui dit Thérèse en l'embrassant... Tiens... tes paroles m'ont guérie..., je n'ai plus besoin de médecin...

— Malgré la puissance que tu attribues à mes paroles, je veux que l'on te fasse une bonne ordonnance et que tu t'y conformes exactement... Et pendant ce temps-là, moi, je vais me mettre en chasse...

— Où iras tu?...

— Je n'en sais rien... Le ciel me conduira...

— Voilà une indication bien vague...

— Que diable! quand on a une plume et qu'on sait s'en servir, on doit trouver quelque chose à faire... Les maçons trouvent bien de la besogne... les gens de lettres ne peuvent pas être plus malheureux...

— Tu às toujours raison... Va et tâche de réussir... Oh! si tu savais combien je désire que tu réussisses... On dirait que mon sort est attaché au tien, ma réputation à la tienne... Je voudrais pouvoir me sacrifier pour te voir grand et honoré...

— Et moi, Thérèse, je voudrais pouvoir te donner tout le bonheur que tu mérites en échange des vœux que tu formes pour moi.

Victor marcha quelque temps au hasard. Il ne savait vraiment par où commencer. Il vit une grande affiche qui portait : *Répertoire des connaissances orthodoxes*—ouvrage paraissant par livraisons et fait par un grand nombre de collaborateurs. Il prit l'adresse du libraire, et alla de suite chez lui.

Ce libraire, M. Poupelard, était un grand homme maigre qui marchait les yeux baissés et qui avait toujours les deux mains jointes sur la poitrine. S'il voulait se donner les airs d'uu béat, il y réussissait parfaitement. Molière n'aurait pas demandé d'autre figure pour son Tartufe. M. Poupelard avait bien tous les accessoires du rôle. Il cheminait à pas lents, ne parlait qu'à voix basse, avait des gestes mielleux et se mouchait avec le moins de bruit possible.—Il reçut Victor assez mystiquement.

— Vous voulez, monsieur, travailler à notre grand *Répertoire des connaissances orthodoxes?*

— Oui monsieur, j'ai besoin de travailler, et...

— Songez qu'on ne peut prendre sa part d'une œuvre pareille sans être animé de la foi la plus pure... Je n'ai pas besoin de vous demander si vous avez des sentiments religieux...

— Je crois en Dieu.

— A la rigueur, cela pourrait suffire... pour collaborer à un ouvrage de philosophie... Mais qnand il s'agit du grand *Répertoire des connaissances orthodoxes...*

— J'ai besoin de travailler, monsieur...

— J'entends... et en raison de votre extrême besoin, je puis bien vous passer quelque chose... C'est de la charité chrétienne... Vous savez ce que nous payons...

— Non... monsieur...

— Vraiment, vous n'en savez rien?... Je croyais que vous ne veniez ici qu'après avoir été informé... C'est fort gênant pour moi... Nous donnons si peu de chose...

— Mais enfin...

— Nous payons quinze francs la grande feuille d'impression... in-quarto...

— Ce qui met la page écrite?...

— A quelque chose de plus bas qu'un sou...

— C'est moins qu'on ne paie un copiste...

— Songez que mon ouvrage est fait aux frais d'une réunion de personnes pieuses... que leurs ressources sont bornées... que... d'ailleurs, on nous fait la besogne pour rien dans les séminaires...

— Ces messieurs du séminaire ont déjà la table et le logement...

— Aux petits des oiseaux Dieu donne la pâture
Et sa bonté s'étend sur toute la nature.

C'est à prendre ou à laisser...

— Je prends, puisqu'il le faut...

Victor emporta plusieurs titres d'articles à rédiger. Il s'installa huit jours à la Bibliothèque royale, compulsa plus de deux cents volumes, lut tous les Pères de l'Église, et arriva enfin à faire près de dix feuilles d'impression in-quarto pour le grand *Répertoire des connaissances orthodoxes*.

Il se hâta de porter son travail à M. Poupelard, qui, après l'avoir examiné, lui dit :

— C'est très bien, mon ami, c'est très convenable et très bien écrit... je dirai même très bien pensé. Il paraît que vous avez fait de fortes études...

— J'ai profité, monsieur, des excellentes leçons de mes professeurs...

— Eh! eh! nous nous entendrons... Vous pouvez être pour moi un sujet précieux... Combien y a-t-il de feuilles?...

— Dix.

— Dix feuilles à quinze francs...

— Cent cinquante francs...

— Je vais, mon cher ami, vous payer cela en bons livres...

— Comment!... en livres?

— Certainement... Je vous ai déjà dit que le *Répertoire des connaissances orthodoxes* était entrepris par une grande société de personnes pieuses... Vous comprenez très bien que ces personnes doivent conserver le peu d'argent comptant qu'elles ont pour les pauvres... Car les pauvres ne peuvent pas attendre... Il a donc été décidé par notre comité directeur que les collaborateurs seraient payés en livres. Je vais vous donner des livres. C'est à prendre ou à laisser, et venez me revoir.

M. Poupelard remit entre les mains du jeune homme plusieurs vieux bouquins qui pourrissaient depuis long-temps au fond de son magasin de librairie.

Victor n'eut la force de rien objecter. Il prit les livres, alla les vendre pour le quart de leur valeur à un négociant en vieux papier imprimé de la rue Saint-Jacques, mais jura bien qu'à l'avenir il se défierait des libraires religieux.

Un autre libraire dit à Victor :

— Mon cher Monsieur, c'est moi qui ai inventé la gravure sur bois... je ne sais pas même si ce n'est pas moi qui ai inventé le dessin... Un bon livre ne peut plus marcher sans une infinité de coups de crayons dans le texte... voilà ce qui relève un ouvrage ! Comme Racine, Bossuet, Molière et Lafontaine ont gagné à cet ornement là ! Autrefois on ne les comprenait pas... du moins... moi je ne les comprenais pas... Je fais dans ce moment-ci un ouvrage qui n'en finira pas... il a pour titre : *Panorama des types contemporains*. Hein ! quel titre ! je veux qu'il y ait un dessin à chaque page, un dessin dans le titre, un dessin dans la préface, vingt dessins dans la table des matières ! chaque mot sera illustré, comme dans les Rébus ! Les illustrations... ah ! Monsieur, quelle découverte ! Dieu a illustré l'univers... voyez ce chêne qui se détache sur le fond bleu du ciel... dessin... cette fleur champêtre qui sort de la crevasse d'un vieux mur... dessin... ce rocher qui penche sur la vallée...

dessin... tout est dessin dans la nature... Pourquoi ne pas imiter la nature? si le gouvernement veut me donner une subvention, j'illustre les débats de la chambre des députés... M. Sauzet avec son habit... M. Dupin avec ses lunettes... M. de Lamartine avec son front de poëte... mais le gouvernement n'est pas encore à ma hauteur... et cependant s'il doit être sauvé, c'est par l'illustration... Mais, mon cher monsieur, l'illustration coûte fort cher... le dessin est hors de prix... il n'y a pas assez de concurrence dans le dessin et ces messieurs me tiennent la dragée haute... la gravure, ça va encore... j'ai trouvé dans les greniers de charmants petits graveurs qui travaillent pour un morceau de pain. Cependant nos frais sont encore énormes... c'est ce qui fait que nous ne pouvons payer bien cher la rédaction... le texte, c'est peu de chose... le dessin, voilà l'effet capital.

— Mais enfin, Monsieur, votre prix?

— A un débutant tel que vous, nous ne donnons rien d'abord...

— C'est bien peu de chose... et quand on cherche du travail pour vivre...

— Pour vivre!... ah! mon cher Monsieur, qu'est-ce qui travaille aujourd'hui pour vivre?...

— Vous d'abord...

— Moi, Monsieur, je travaille pour l'art... pour la sainte cause de l'art... si j'encaisse quelquefois les écus du public, c'est comme accessoire, sans y faire attention et pour avoir l'air d'être occupé à quelque chose...

— Quand un écrivain n'a pas de fortune...

— Tout écrivain doit avoir quinze mille livres de rentes ou savoir se passer de manger.

— L'alternative est embarrassante pour celui qui n'a pas de fortune et qui a de l'appétit...

— Et puis songez donc, Monsieur, aux avantages dont jouit avec moi un écrivain... Je ne suis pas un éditeur ordinaire, moi... j'illustrerai chacune de vos pages... que dis-je? chacune de vos lignes sera illustrée... quand la verve vous fera défaut, nous remplacerons cela par un joli dessin... rien n'éblouit le public comme un dessin placé à-propos... il ne lit plus, mais il admire... ce procédé m'a parfaitement réussi avec le jeune Larissol... il endormait le public... mais Gavarni et Monnier le réveillaient... compensation !... quand vous n'irez plus du tout, nous pourrons même vous soutenir avec de la musique... de la musique illustrée... les notes sont remplacées par des petits bons hommes qui dansent le fandango ! rien de plus joli ! Que de mauvaises paroles j'ai mises ainsi en musique... c'est charmant... le petit Larissol pourrait vous en donner des nouvelles... ainsi, vous voyez que vous ne trouverez nulle part plus de satisfactions données au légitime amour-propre d'un littérateur dont le cœur est bien placé...

— Je comprends fort bien, Monsieur, qu'avec vous l'amour-propre puisse se trouver amplement satisfait... mais il y a encore autre chose...

— Autre chose ! autre chose !... quoi ! l'argent ! Comme ce mot sonne mal dans la bouche d'un jeune homme de cœur et d'esprit !... l'argent!... ô siècle corrompu et vénal! mais enfin... venons au fait... je vais vous faire une offre...

— Voyons... Monsieur...

— J'avais chez moi le petit Larissol... un garçon de peu de chaussettes et d'infiniment de patience... Il compilait, compilait, compilait... Monsieur, il compilait si bien et si fort que le bonhomme dont nous parle Voltaire en eût été jaloux... j'en fis mon premier commis littéraire... il se mettait le matin devant son bureau et me faisait vingt articles par jour... à la toise... je lui donnais cinquante francs par mois... comme à mon garçon de bureau! Jugez du bénéfice! mais je lui offrais bien des dédommagements... je plaçais son nom dans toutes les réclames que j'envoyais aux journaux... je faisais faire son éloge par lui-même sur les couvertures de mes livres... j'annonçais ses productions en très grosses lettres sur les affiches monstres que vous pouvez voir au coin de toutes les rues... enfin, je lui fis une réputation chez les débitants d'almanachs et les marchands de complaintes ! Eh bien... savez-vous ce qu'il a fait, l'ingrat : il m'a demandé une augmentation de trente sous par jour, sous prétexte que maintenant il fume dix pipes à l'heure et se fait décrotter tous les dimanches ! Je l'ai lâché...

— C'est de la prudence...

— Mais j'ai besoin de le remplacer...

— Aux mêmes conditions ?

— Oh ! je ne puis vous les assurer sur-le-champ... quand j'ai fait à Larissol d'aussi brillants avantages, je connaissais déjà son mérite... je vous prendrai pendant un an à l'essai ?

— A l'essai ? c'est-à-dire sans rémunération...

— Vous avez parfaitement saisi le sens de mes paroles...

— Je ne puis accepter...

— Vous avez tort... que voulez-vous donc ?

— Une existence honorable...

— Alors je crois que j'aurai encore meilleur marché d'en revenir à Larissol... s'il ne rentre pas chez moi, au moins m'a-t-il proposé de faire tous mes articles au rabais...

— Au rabais... voilà un vilain mot...

— C'est le mot du siècle, Monsieur...

Le troisième libraire que vit notre héros avait de grandes prétentions au bel esprit...

— J'aime la jeunesse... dit-il à Victor, nous nous entendrons très facilement... permettez-moi de vous donner une première marque de confiance et de sympathie... je vais entreprendre une grande publication : *Les Scarabées célèbres*... l'idée en est parfaitement ingénieuse, et elle m'appartient, comme j'aurai le soin de le dire dans mon prospectus... Je donnerai aux hommes de touchantes leçons d'ordre, d'économie, de religion et de morale par l'organe des hannetons, fourmis, bêtes du bon Dieu et autres... c'est neuf, n'est-ce pas! les hommes sont de grands enfants... je leur conterai des apologues... on dira qu'Ésope a trouvé ce genre-là avant moi; mais Ésope est une invention de mes ennemis. Je veux que dans trente ans d'ici les joueurs de roulette eux-mêmes mettent à la caisse d'épargnes... les petits garçons ne se moucheront plus dans leurs doigts, et les grand'mamans me béniront! La librairie est un apostolat... Pour mener à bout mon entreprise, Monsieur, j'ai eu recours aux plumes les plus illustres... Gigolet, Lafougade, l'élégant Briquet, le sévère Bibassier et même le petit Larissol, que j'enlève à mon confrère Graindorge par une surenchère de cinquante centimes, me prêteront leur concours... mais je compte davantaga sur un collaborateur prodigieux que j'ai découvert... c'est un ermite qui vit au fonds d'un glacier de la Suisse et que j'ai connu par l'intermédiaire d'un touriste de mes amis... Cet ermite que j'appellerai Lipmann (le germanisme est à la mode) a un style charmant, une bonhomie entraînante, une imagination de la plus heureuse fertilité!... Tenez, je vais vous lire quelque chose de lui, vous me donnerez votre avis.

— J'écoute...

— C'est une fable... morceau de choix... dans lequel Lipmann a déployé tous ses moyens. Voici le texte :

LA CIGALE ET LA FOURMI.

— Diable... le sujet était d'autant plus difficile à aborder, qu'il a déjà été traité et assez convenablement...

— Vous croyez...

— J'en suis certain...

— Je commence :

La Cigale ayant chanté
Tout l'été,
Se trouva fort dépourvue
Quand la bise fut venue...

— Mais...

— Elle alla crier famine
Chez la Fourmi, sa voisine
La priant de lui prêter....

— Mais. .

— Quelques grains pour subsister...
La Fourmi n'est pas prêteuse,
C'est là...

— Permettez donc...

> — C'est là son moindre défaut...
> Que faisiez-vous au temps chaud,
> Dit-elle à cette emprunteuse...

— Si vous vouliez bien...

> — Dit-elle à cette emprunteuse...

— Mais arrêtez-vous donc...

— Qu'est-ce que vous avez ?

— Je connais cela...

— Vous connaissez cela ?...

— Mais oui...

— C'est incroyable...

— Mais vous plaisantez, sans doute...

— Je vous jure...

— Comment ! vous ne savez pas par cœur la première fable de La Fontaine... *la Cigale et la Fourmi...*

— Non, je n'en ai pas souvenance... Vous êtes sûr que le nommé La Fontaine a fait une fable sous ce titre...

— Et avec les mêmes mots...

— C'est terrible de se rencontrer comme cela...

— Terrible en effet...

— Pour éviter toute ressemblance avec ce La Fontaine, nous en serons réduits à mettre notre fable en prose :

La Cigale qui pendant tout l'été avait chanté très joyeusement... Très joyeusement fera bien, n'est-ce pas... C'est naïf?..

— *Très joyeusement* me semble admirablement trouvé...

— *La Cigale qui pendant tout l'été avait chanté très joyeusement, se trouva dépourvue de tout quand la bise fut arrivée...*

— Et ainsi de suite...

— Et ainsi de suite... le sens moral y sera et notre but se trouvera complètement atteint...

— Vous avez parfaitement raison...

— Je vais vous lire maintenant un autre morceau de mon hermite. C'est de la prose :

La vieille Hannetonne et ses petits enfants.

Pour moi, voyez-vous, il y a dans ce mot de *Hannetonne*, dans cet admirable néologisme, un indice de génie; *Hannetonne*... femelle de hanneton!... Comme c'est enfantin, primitif, à cœur ouvert! Trouvez-moi donc de pareils éclairs dans votre Lafontaine... Mais vous allez voir bien autre chose...

LA VIEILLE HANNETONNE ET SES PETITS ENFANTS.

« Par une belle matinée du mois de mai, une « vieille hannetonne conduisait ses petits en- « fants à la promenade. Elle leur avait mis leurs « habits du dimanche, parce qu'ils avaient « été bien sages, et leur avait promis de les « faire reposer sur le plus beau chêne de la « forêt. « Mes chers petits enfants, ne cessait- « elle de leur répéter, ne vous éloignez pas de « maman-grand. Vous pourriez vous en repen- « tir. Chardonnerets et fauvettes sont voraces, « ils ont tous des oisillons à nourrir et la chair « hannetonnière leur plaît singulièrement. »

« Chers petits enfants promettent d'obéir. Mais, « brrr ! au premier détour d'allée, ils prennent « leur élan et voltigent çà et là comme de francs « étourneaux ; l'oiseau les croque et maman-« grand revient seule au logis...

« Ecoutez bien, petits et grands... on se « perd en ne suivant pas les conseils de l'ex-« périence. »

Voilà ! qu'en pensez-vous, mon jeune ami...

— Je pense que votre ermite n'a pas le sens commun.

— Mais...

— Il marche sur toutes les routes battues, et marche beaucoup plus mal que ses devanciers...

— Mais...

— Où les autres ont mis du naturel et de la grâce, il met de l'afféterie et de la puérilité... Voilà toute la différence... Pour apprendre à parler aux enfants, il ne faut pas bégayer comme eux, et même beaucoup plus gauchement qu'eux... Il faut s'exprimer nettement... Et puis que signifie cette prétention de donner des conseils au genre humain sur un fond vieilli et avec ces formes d'un enfantillage niais... Croyez-moi... le genre humain n'en est plus à se laisser corriger par de semblables sornettes... Il est trop corrompu ou trop spirituel pour cela... Il demande des leçons plus fortes et un langage plus grave... Je ne vois guère qu'un moraliste impuissant qui se décide à envelopper ainsi ses préceptes dans des langes, et à emmailloter sa doctrine... Votre M. Lippmann est un très pauvre homme et vous n'avez pas à vous féliciter grandement de la découverte...

— C'est votre avis...

— C'est mon avis.

— Beaucoup de gens sensés ne le partagent pas...

— Je suis fâché que mon opinion ne soit pas conforme à celle de beaucoup de gens sensés... mais je la crois dans les termes de la raison et du bon goût et je ne l'abandonnerai pas... Mais parlons un peu de ce qui m'a amené... Vous m'avez témoigné, au commencement de notre conversation, beaucoup de bienveillance... Pouvez-vous me confier quelque travail...

— Revenez me voir dans quelques jours.

— Je reviendrai.

Victor se présenta plusieurs fois au domicile de l'éditeur; jamais il ne le rencontra. Il commençait à s'étonner de cette absence continuelle, lorsqu'il apprit, par le plus grand des hasards, qu'il avait de grandes prétentions à la réputation littéraire, et que c'était lui-même qui écrivait sous le pseudonyme de Lipmann. Il s'expliqua parfaitement alors sa froideur.

Du reste, la connaissance de ce secret de boutique lui procura dans la suite d'exquises jouissances. Il assista en homme bien informé au spectacle de toutes les folies que l'amour-propre d'écrivain pouvait faire faire à un honorable commerçant. Il lut, le sourire sur les lèvres, ces étranges réclames que l'éditeur envoyait aux journaux, qu'il payait un franc la ligne, et dans lesquelles Lipmann vantait son propre style, sa propre imagination, son propre talent, en termes d'une complaisance incroyable, et *se faisait*, comme dit le troupier, *la queue à soi-même.* Il admira la complaisance de certains collaborateurs *des Scarabées célèbres*, qui servaient de repoussoirs au grand Lipmann et lui permettaient de battre la grosse caisse, à son profit et sur leurs épaules, dans des feuilletons communiqués ou payés au poids de l'or. Lipmann finit par devenir une curiosité parisienne. L'Institut historique demanda à le compter parmi ses membres.

Victor eut ensuite affaire à un vieil éditeur, M. Pommadas, qui demeurait à un cinquième étage de la rue Saint-André-des-Arcs, et qui éditait des *manuels* et des *abrégés*.

Pommadas était de la race de ceux qu'on peut appeler les usuriers de la littérature. Il faisait le commerce de papier timbré, au moins autant que celui de papier imprimé. Il spéculait sur le besoin qu'ont ordinairement les gens de lettres de l'argent qu'ils ont gagné, — et même de celui qu'ils n'ont pas gagné encore, — pour les pressurer de toutes les manières. Sa physionomie était repoussante, — un bec de vautour sur une feuille de parchemin.

Quand Victor lui rapporta l'ouvrage qu'il lui avait confié, il lui dit :

— Vous connaissez, Monsieur, l'usage de la librairie... on ne paie qu'en billets... et mon usage particulier est de ne faire que des billets à un an... Voici le mien... soixante-deux francs...

— Soixante-deux francs !

— Je ne paie jamais plus cher...

— Mais où trouverai-je de l'argent pour ce billet ?

— Oh ! vous en trouverez difficilement par la ville... Les affaires sont mauvaises...

— Mais je ne puis attendre... pour une si faible somme...

— Ecoutez... j'ai là de l'argent que m'a laissé un de mes amis en mourant... Je le fais valoir autant que je puis... car je suis le tuteur de ses deux pauvres enfants à la mamelle... Je pourrais peut-être vous escompter votre effet avec l'argent de mon ami.

— Ah ! vous me rendez la vie...

— J'escompte ordinairement, quand j'ai de l'argent, à quinze pour cent... Quand il s'agit de l'argent d'un autre que j'ai entre les mains, je demande trente pour cent, en raison de la commission et de ma vigilance à défendre les intérêts qui me sont confiés... c'est de la délicatesse... vous comprenez... ici nous ajouterons dix pour cent à cause des deux pauvres enfants à la mamelle... c'est de la charité... puis dix pour cent en vue de la difficulté actuelle des transactions... c'est du commerce... en tout cinquante pour cent... une misère...

— Peste ! quel service vous me rendez-là... Je m'en vais par la ville chercher à escompter mon billet.

— Allez...

Victor ne trouva nulle part de caisse ouverte pour lui. Le délai d'un an arrêtait tout le monde, et l'on savait dans les comptoirs pourquoi Pommadas faisait des billets.

Victor fut obligé de revenir, l'oreille basse, chez son usurier.

— Eh bien !... que vous avais-je dit, s'écria celui-ci? les transactions sont d'une difficulté extrême... l'argent est hors de prix. Acceptez-vous mes conditions? Voulez-vous l'argent de mon malheureux ami?...

— Mais c'est un assassinat...

— Je voudrais être assassiné tous les jours au même taux...

— Indiquez-moi au moins un escompteur qui vous connaisse bien et qui me donne de l'argent à un prix raisonnable...

— Je n'en vois qu'un dans ce moment-ci.

— Où demeure-t-il?...

— Aux Batignolles...

— Aux Batignolles! Une lieue! Et combien me demandera-t-il?...

— Hum! hum! il est cher... et je ne sais pas à quel taux sont les cours actuels... Il monte presque aussi haut que moi...

— C'est révoltant...

— Vous dites?...

— Je dis que c'est révoltant...

— Je croyais avoir mal entendu...

— Allons... donnez-moi cet argent...

— Ah! pardonnez-moi...

— Comment! trouvez-vous que l'intérêt ne soit pas assez élevé?...

— Il est raisonnable... mais j'ai encore, avant de vous remettre les espèces, une petite condition additionnelle à vous notifier...

— Une condition additionnelle...

— Si vous aviez été aux Batignolles... chez mon escompteur... vous auriez été obligé pour le trouver encore... car il sort tous les jours à deux heures... de prendre un cabriolet... Ce cabriolet ne vous aurait pas coûté moins de cinq francs... Comme je vous épargne cette course, il me semble juste que ces cinq francs soient portés à mon profit.... Souvenez-vous que je n'agis que dans l'intérêt des deux enfants à la mamelle de mon malheureux ami!

Victor avait besoin d'argent; il était pris dans

les ruses du vieux Pommadas, comme le gibier dans le collet du braconnier. Il accepta les vingt-six francs, et sortit de cette caverne en vomissant contre celui qui l'habitait toutes les imprécations que lui suggérèrent ses souvenirs classiques.

Il ne revit plus Pommadas et il fit bien ; car si celui-ci, pour la première *affaire* qu'il faisait avec lui, avait eu la pudeur de lui donner quelque peu d'argent comptant, il se promettait bien par la suite de ne lui offrir en échange de ses manuscrits que des pavés, des souricières et des brosses en poil de chameau.

Dans ses courses vagabondes, le pauvre Victor vit toutes les espèces d'éditeurs :

1° L'éditeur qui ne peut publier que des ouvrages *des sommités littéraires*, et qui ne publie jamais rien ;

2° L'éditeur qui a fait faillite et qui attend son concordat ;

3° L'éditeur qui cherche une grande idée et qui ne trouve jamais grande celle qu'on lui propose ;

4° L'éditeur qui n'édite que des livres pour l'enfance écrits par des centenaires;

5° L'éditeur qui a une jolie femme et qui ne veut voir que des auteurs chauves ou bossus;

6° L'éditeur qui ne fait plus rien;

7° L'éditeur qui va faire quelque chose;

8° L'éditeur qui n'a jamais rien fait;

9° L'éditeur qui ferait bien quelque chose, si...

Vient la kyrielle des si :

Si son père n'était pas malade;

Si sa maison était plus grande;

Si son portier était moins grognon;

Si le gouvernement changeait;

Si l'Opéra-Comique donnait plus souvent des pièces nouvelles;

Si le faubourg Saint-Germain était plus peuplé;

Si les chemins de fer n'avaient pas été inventés;

Si le ciel était moins bleu;

S'il n'y avait pas d'étoiles;

Si Alexandre n'avait pas battu Darius ;

Si le monde n'existait pas.

Que répondre à tout cela ?

Enfin, Victor rencontra sur sa route la pire espèce sans contredit des éditeurs, l'éditeur-emprunteur. Il se nommait Cléobule, était vêtu en dandy et vivait toute la journée à l'estaminet. Il accueillit notre héros avec beaucoup de bonne grâce et lui ouvrit pour ainsi dire les bras.

— Mon cher ami, lui dit-il, j'ai dans ce moment-ci en tête une idée gigantesque et qui doit avoir un succès qui dépassera les plus brillants succès de librairie que nous connaissions : trois cents mille souscripteurs, deux millions de bénéfices! J'aurai calèche à la Daumont et trente-trois chevaux dans mon écurie. Il ne me manque qu'une chose pour l'entreprendre dans ce moment : de l'argent. Tous mes fonds sont engagés dans d'autres spéculations. Je viens d'envoyer au Texas trois vaisseaux pleins de grammaires de Lhomond ; j'ai fait récemment la fourniture de toutes les bibliothèques de la Laponie Suédoise ; j'attends d'immenses rentrées, mais en attendant, mon idée gigantesque frappe les parois de mon cerveau pour en sortir et me cause d'affreux maux de tête. Jeune homme, j'ai confiance en vous, vous me paraissez être un garçon d'intelligence et de vaste érudition. Je veux vous confier la rédaction de mon grand ouvrage; mais j'ai besoin d'argent, trouvez-moi de l'argent. N'auriez-vous pas un oncle gros propriétaire en Basse-Bretagne? une tante qui aurait beaucoup de rentes sur le grand livre? un cousin enfoui dans sa province et qui se mourrait d'envie de broyer du noir? Comment! vous n'avez ni cousin, ni oncle, ni tante. Alors payez mon déjeûner, j'ai oublié ma bourse.

Dans le temps où Victor faisait encore son journal, il avait quelquefois vu avec Miraton un gros garçon réjoui qui l'avait amusé par ses saillies et sa philosophie spirituelle. Il le rencontra tout justement au moment où il venait de quitter l'éditeur-emprunteur.

Le gros garçon l'aborda en riant et entama sur-le-champ la conversation.

— Eh bien ! que devenez-vous ?

— Ma foi, mon cher Monsieur Léon, je suis occupé à maudire les libraires...

— Oh ! je les connais... c'est une assez vilaine engeance... mais qui vaut encore mieux qu'on ne le croit généralement... Et le journal ?

— Ne parlons pas des morts...

— Je comprends... il a filé comme une étoile. Combien de numéros ?

— Un seul...

— C'est bien peu...

— C'est beaucoup trop encore. .

— Mais savez-vous bien que vous étiez entouré là d'une bande de vilains oiseaux...

— C'est vrai, mais je ne les connaissais pas.

— C'est pour cela qu'ils sont venus à vous... Pour vivre avec eux, il faut ne pas les connaître...

— Mais je vous ai vu avec Miraton...

— C'est le plus ridicule, mais le moins pourri des quatre... d'ailleurs, moi, je donne le bras à tout le monde... j'ai une facilité de caractère admirable... mes amis m'appellent *la courtisane* et ils n'ont pas tort... mais qu'alliez-vous faire chez les libraires?

— Chercher de l'ouvrage...

— Triste métier! Pour gagner sa vie avec les libraires, il faut qu'ils viennent à vous... et puis, c'est encore là une boutique comme toutes les autres... les initiés seuls savent trouver les œufs sous la poule...

— Seriez-vous des initiés?

— Un peu... et puisque vous m'avez mis sur cette voie, peut-être pourrai-je vous être utile... J'ai lu avec le plus grand plaisir votre article de profession de foi dans le journal... il y avait de la verve, du style, des aperçus remarquables...

— Vous m'accablez...

— Allons-donc... nous sommes tous les deux de la partie... pas de fausse modestie entre nous... nous ressemblerions trop à ces filles entretenues qui font de la vertu en petit comité... Vous demeurez toujours où je vous ai fait visite une fois avec Miraton?...

— Toujours...

— Vous aurez bientôt de mes nouvelles...

M. Léon est un de ces écrivains qui écrivent peu, mais qui fréquentent beaucoup les boutiques de libraires, les bureaux de journaux, les foyers de théâtres, — jetant ici un bon mot — là un calembourg — plus loin une méchanceté. Il a beaucoup de gaîté et d'entrain, et dès qu'il arrive, les figures se dérident. Il s'est surtout attaché aux éditeurs ; il est toujours fourré chez eux, apportant des bouquets à leurs femmes et des polichinelles de pain d'épice à leurs enfants. Les commis lui font fête et disent entre eux : « Dieu! que ce M. Léon est bon garçon! » Tout en riant, on le met au courant des affaires. Il donne des conseils, il prend pied. Il est si amusant, qu'on lui accorde du talent sans qu'il en ait donné preuve. Quand le patron a quelque travail pressé à faire faire, Léon est là, tout porté, et c'est lui qu'on en charge. Il fabrique avec la même facilité l'histoire, le roman, l'article de mœurs, le conte de l'enfance, le poëme épique et le petit livre de circonstance.

Il est vrai que pour faire face à toutes ces demandes, M. Léon a employé un procédé très commode. Il ne travaille pas lui-même. Il charge de la besogne des jeunes gens timides, obscurs, mal placés, auxquels il ne donne qu'une bien petite part du prix de vente, et dont le nom reste derrière le rideau. M. Léon est un exploiteur. Tandis que ses esclaves piochent pour lui, et ont le front courbé sur l'ouvrage, il fume son cigare au Palais-Royal, et se chauffe le dos au soleil.

M. Léon avait deviné les grands mérites de Victor sous son enveloppe assez simple et assez unie. Il s'était bien promis de l'exploiter comme il en avait exploité tant d'autres. Il fut exact à le voir; la première fois il lui apporta à faire *la Physiologie du Maître d'études.*

— Vous comprenez, lui dit-il... le maître d'études... le chien de cour... le pion... comme l'appellent les écoliers... Il faut bien peindre cette existence enfoncée entre quatre murailles et exposée à toutes les méchancetés, à toutes les haines de deux cents bambins... Le mépris que professe pour lui le chef d'institution qui le regarde comme un de ses domestiques... Les grands airs de madame... la mauvaise nourriture... Et puis les carrières manquées... Le maître d'études, ancien militaire... La paresse... l'ignorance..., la malpropreté... avec des détails gais... beaucoup d'espièglerie et de gentillesse... le fond noir et bien accusé... voilà... mettez-vous à ce travail; je viendrai chercher le paquet dans cinq ou six jours...

Et il alla fumer son cigare et se chauffer le dos au soleil. M. Léon croyait avoir bien fait sa part dans la besogne quand il avait ainsi donné ses indications d'une manière vive et rapide M. Léon était un sommaire ambulant.

Victor passa les nuits, et à l'heure dite il livra la *Physiologie.* La rétribution qui lui fut donnée fut si minime, qu'il y aurait eu, à bien compter, à peine de quoi payer les journées d'un manœuvre. Son collaborateur pécuniaire se faisait la part du lion.

Le collaborateur demanda ensuite à Victor un *Résumé des guerres de l'Empire.*

— Vous comprenez, lui dit-il, on prend Norvins... Ségur... les bulletins de la grande armée... on mêle tout ça... absolument comme le prescrit la *Cuisinière bourgeoise*... on laisse cuire à petit feu... on sert chaud... et on obtient son résumé... chargez vos fourneaux... je viendrai chercher ça dans huit jours.

Léon fit faire à Victor des livres de toutes les formes, de toutes les couleurs et sur tous les sujets. Le pauvre jeune homme était toujours à la besogne; car il fallait vivre, et à peine un livre était-il terminé qu'il était obligé d'en recommencer un autre; le prix du travail était si modique qu'à la dépense il durait à peine autant que le travail lui-même. Les mois et les jours se passaient pour Victor sans repos. Aux fatigues du corps se mêlait le malaise de l'âme, car il souffrait de ne pouvoir revenir de temps en temps à ses occupations favorites. Mais il était lancé comme le wagon sur les rails et ne s'arrêtait pas. Sa santé l'arrêta. Une fièvre violente s'empara de lui et triompha de son courage.

Pendant sa longue et douloureuse maladie, Thérèse fut un ange de dévouement. L'invalide l'admirait et la bénissait.

Mais il remarqua avec étonnement que plus la maladie de Victor semblait perdre de sa gravité, plus la douleur de Thérèse augmentait. Souvent assise près de son lit et les yeux fixés sur lui pendant qu'il sommeillait, elle se mettait tout à coup à fondre en larmes.

Victor venait d'entrer en convalescence et marchait à grands pas vers une guérison complète, lorsqu'un soir Thérèse sortit et ne reparut plus.

FIN DU PREMIER VOLUME.

TABLE DES CHAPITRES

DU PREMIER VOLUME.

—

Sceaux. — Impr. de E. Dépée.

NOUVELLES PUBLICATIONS,

Sous Presse :

Le Régiment de Corinthe, roman historique ; par AMÉDÉE DE BAST, 2 vol. in-8.

La Duchesse de Médina-Céli, roman historique, par la comtesse O. D., auteur des **Mémoires d'une Femme de qualité**, 2 vol. in-8.

Mademoiselle de Valois ou **Le Fils du Masque de fer**, roman historique, par la comtesse O. D., 2 vol. in-8.

Adrienne, roman inédit, par P. BERNARD, 2 vol. in-8.

NOUVELLES PUBLICATIONS,

En Vente :

Le Protecteur mystérieux, par H. B., 2 vol. in-8, net. . . . . 9 »

Médéric, roman inédit, par CH. MARCHAL, 2 vol. in-8, net. . . . . 9 »

Le Lord Bohémien, roman inédit, par ALFRED DES ESSARTS, 2 vol. in-8, net. . . . . . 9 »

Une Perle dans la mer, roman inédit, par ALFRED DES ESSARTS, 2 vol. in-8, net. . . . . . 9 »

L'Ami de la Maison, roman inédit, par MAXIMILIEN PERRIN, 2 vol. in-8, net. . . . . 9 »

Le Garde Municipal, roman inédit, par MAXIMILIEN PERRIN, 2 vol. in-8, net. . . . . 9 »

Les Pilules du Diable, roman gai, par MAXIMILIEN PERRIN, 2 vol. in-8, net. . . . . 9 »

Vierge et Modiste, par MAXIMILIEN PERRIN, 2 vol. in-8, net. . . . . 9 »

SCEAUX. — Imp. de E. DÉPÉE.

www.ingramcontent.com/pod-product-compliance
Lightning Source LLC
LaVergne TN
LVHW020602110826
845149LV00002B/353